Petit glossaire des arts plastiques

Philippe Monfouga

Abstrait

1- Désigne ce qui n'a pas de réalité physique perceptible, ce qui n'existe que sous forme d'idée

2- Se dit d'une œuvre qui ne représente rien du réel perceptible par les sens de la vue et du toucher ou ne fait pas référence à une réalité extérieure à l'œuvre. Une œuvre abstraite, ou non-figurative, ne représente rien que l'on puisse reconnaître. L'abstraction apparaît au début du XXe siècle, avec l'art contemporain. L'abstraction géométrique qui utilise des formes d'apparence géométrique (Albers, Barré) se distingue de l'abstraction lyrique qui privilégie le geste spontané et la tache (Hartung, Mathieu, Pollock).

Académie

(Du nom du jardin "Akademos" où le philosophe grec Platon enseignait) Avec une majuscule, il désigne une société constituée par des gens représentant un domaine d'expression, de recherche ou garants de certaines valeurs.

Avec une minuscule, l'académie désigne le lieu où s'exerce un art mais également toutes personnes dessinées, peintes ou sculptées d'après un modèle vivant et nu. ("Nu académique" ou plus simplement "académie").

Académique

Conventionnel, qui correspond à des normes établies et stables. (Contraire : avant-gardiste, original)

Académisme

Désigne le respect des règles énoncées par l'Académie.

Entre le XVIIe siècle et le XIXe siècle, les arts n'échappent pas aux traditions rigoureuses prônées par l'Académie, c'est le classicisme.

Par extension, le terme désigne un manque d'originalité et de personnalité.

Achrome
Sans couleur. En photographie, on dit "en noir et blanc"

Accumulation
Entassement ou regroupement d'objets de même nature ou différents. Le mot est le plus souvent associé à certaines œuvres des nouveaux réalistes (Arman).

Action
1. Dans une narration, c'est le fil des événements.
2. Terme apparu dans le courant post-dadaïste à partir des années 1960, utilisé pour nommer certaines manifestations où sont pris en compte le geste, l'action, l'implication de l'artiste. Par leur caractère souvent provocant, les actions visent à faire prendre conscience au spectateur de questions culturelles, sexuelles ou plus généralement politiques. Dans les années 1950, l'action prenait la forme de happening ; elle prend actuellement plutôt celle d'event, de performance.

Action Painting - peinture gestuelle
Ce terme, proposé en 1951 par le critique américain Harold Rosenberg, désigne une attitude artistique qui privilégie l'acte physique de peindre, souvent la rapidité d'exécution, l'engagement physique du peintre, la gestualité, éliminant toute suggestion figurative. "Ce qui devait passer sur la toile n'était pas une image, mais un fait, une action."

Actuel
qui est présent, on parle d'art actuel pour rompre avec le terme d'art contemporain et désigner plus précisément

l'art d'aujourd'hui. (voir Fred Forest). Le terme est également utilisé en liaison avec virtuel, le virtuel s'actualise (voir *Qu'est-ce que le virtuel*, Pierre Lévy, Ed. la Découverte, 1998)

Affichistes
Désigne des plasticiens qui dans les années 60 arrachent et lacèrent des affichistes publicitaires ou politiques bousculant les messages par le jeu des superpositions, des juxtapositions et des rencontres fortuites (Hains, Villeglé).

All over
Procédé qui conduit à une répartition uniforme des éléments picturaux sur la surface totale du tableau qui semble se prolonger au-delà des bords, éliminant ainsi le problème du champ. (Terme apparu avec l'Action Painting et Pollock aspergeant la toile posée à plat sur le sol)

Allégorie
Personnification d'une idée abstraite (la liberté, l'amour...) sous les traits d'un personnage ou d'un animal auquel sont associés des éléments symboliques. Exemple : La mort est souvent représentée sous forme d'un personnage squelettique, tenant à la main une faux avec laquelle il est censé faucher les vies.

Anamorphose
C'est une image volontairement déformée de manière à ce qu'elle ne soit comprise que lorsqu'on la regarde sous un angle particulier ou à l'aide d'un miroir. L'anamorphose la plus célèbre est certainement celle qui apparaît dans le tableau d'Hans Holbein (1497-1543), Les Ambassadeurs, 1533 (National Gallery, Londres).

Felice Varini utilise ce principe pour réaliser ses œuvres In Situ, de même Georges Rousse pour ses photographies.

Angle de vue
Direction du regard (ou de la caméra) par rapport au sujet.
1. Angle de vue horizontal : on se trouve au même niveau que le sujet regardé.
2. Plongée: le sujet est plus bas que le niveau des yeux, on regarde vers le bas.
3. Contre-plongée: le sujet placé plus haut que le niveau des yeux, on regarde vers le haut.

Anthropométrie
(du grec antrôpos = humain)
1. Technique de mensuration (mesures) du corps humain.
2. Terme choisi par le critique Pierre Restany pour désigner les empreintes de corps dans l'œuvre d'Yves Klein.

Anthropomorphe
Se dit d'une forme qui rappelle celle d'un être humain.

Aplat
Désigne une surface de couleur uniforme, sans nuance.

Appropriation
Procédé qui consiste à utiliser une œuvre existante ou un objet, voire à les citer dans une création.

Arabesque
Désigne une ligne sinueuse formée de courbes, mais aussi un motif ornemental végétal ou géométrique, plus

ou moins stylisé, et représenté de manière symétrique.

Arrachage
(du latin radix, radicis = racine)
1. Enlever de terre une plante qui y tient par ses racines
2. Action de détacher avec un effort plus ou moins grand une partie souvent superficielle accrochée sur une autre en la déchirant. Mot utilisé pour décrire la technique des "affichistes" (Dufrêne, Hains, Villeglé)

Architecte
Celui qui conçoit des maisons, des édifices, des monuments et en dirige la construction.

Architecture
Art de concevoir maisons, édifices, monuments, etc... Désigne aussi ces constructions elles-mêmes.

Arrière-plan
Plan qui se trouve le plus en arrière dans un paysage réel ou dans une reproduction. C'est aussi ce qui apparaît derrière le sujet principal.

Art
1. Moyen d'obtenir un résultat par l'effet de ses aptitudes (adresse, habileté)
2. Démarche qui conduit à la création d'œuvres humaines singulières, expression d'un idéal esthétique.
3. Désigne aussi ces œuvres elles-mêmes et l'ensemble des œuvres d'une époque, d'un mouvement ou d'un lieu (art grec, art classique, art océanien).

Art brut
Se caractérise par l'utilisation fréquente de matériaux à priori non artistiques. Art exprimant la spontanéité,

proche de l'art des marginaux, des productions des enfants avant l'apprentissage des codes de représentation (Chaissac, Dubuffet).

Art cinétique

(Grec Kinésis, mouvement) Mouvement artistique des années 70 souvent proche d'une abstraction géométrique. Il privilégie le mouvement virtuel ou rétinien (op'art ou optical art) ou le mouvement réel (animation des œuvres par moteurs ou manipulation des spectateurs). Le GRAV (Groupe de Recherche d'Art Visuel) regroupe des artistes comme Agam, Cruz-Diez, Soto, Vasarely, etc... , tandis que Tinguely construit ses machines animées par des moteurs.

Art conceptuel

Courant artistique des années 1960 issu de l'art minimal. L'objet d'art n'est pas considéré pour sa forme, mais pour ce qu'il signifie; le discours devient matériau de la pratique (Beuys, Kosuth).

Arte Povera

Mouvement artistique né en Italie dans les années 1960. Les artistes (Anselmo, Kounellis, Merz, Penone, etc...) ont souvent recours à des matériaux d'origine naturelle (verre, bois, terre, minéraux, textile, etc...) et adoptent une posture contestataire, libératrice et anti-moderne avec un parti pris de dénuement.

Artistique

"Notion complexe et en construction qui ne se définit pas de manière univoque" :
1. Production inscrite dans le champ des arts qui exprime un point de vue singulier chargé de sens sur le réel ou l'ego de l'artiste. Elle donne forme à son rapport

au monde (production artistique).

2. Ce qui fait entrer une conception ou un matériau usuel dans le champ reconnu de l'art et de ses pratiques (démarche artistique).

Assemblage

Équivalent tridimensionnel du collage. Désigne une œuvre constituée d'éléments initialement distincts souvent de natures différentes rendus solidaires (objets ou fragments d'objets, naturels ou manufacturés, formes façonnées, etc…).

Un assemblage consiste à réunir de manière solidaire différents éléments (matériaux bruts ou d'objets de récupération) pour former un tout.

Les artistes cubistes ou dadaïstes ont popularisé ce mode de création. D'autres en ont fait le principe même de leur mode de création. Kurt Schwitters invente le terme de "Merz" pour désigner ses assemblages. Robert Rauschenberg qualifie ses assemblages de "Combine painting" et Daniel Spoerri crée ses "tableaux-pièges".

Dans chacun des cas, ces assemblages très différents obéissent à une démarche artistique précise.

Atelier

C'est le lieu privilégié où l'artiste crée. Qu'il soit sculpteur, peintre ou graveur, il concentre généralement en ce lieu des œuvres anciennes et d'autres en devenir.

Autoportrait Voir portrait.

Avant-garde

Courant artistique novateur et contestataire de presque tout le XX° siècle. Il s'affirme en rupture avec les codes établis. Premières avant-gardes apparaissent au début du XX° siècle : cubisme, fauvisme, futurisme, orphisme, rayonnisme, Dada...

Avant-plan

C'est le premier plan d'un paysage ou d'une reproduction quelconque, c'est aussi un ou plusieurs éléments qui apparaissent avant le premier plan et qui se trouvent en partie hors champ.

Baroque

C'est un style originaire d'Italie qui touche l'ensemble des disciplines artistiques (peinture, sculpture, architecture, musique...) mais également la littérature. Il va se répandre dans une grande partie de l'Europe et de l'Amérique latine durant les XVIIe et XVIIIe siècles. L'art baroque cherche à étonner, à séduire, jouant sur la courbe, les effets de mouvements, les compositions compliquées, les contrastes lumineux et parfois la surabondance de détails. Le mot baroque peut aussi être un adjectif qualificatif synonyme d'alambiqué, d'exagérément décoratif, de bizarre, d'original ou d'excentrique.

Bas-relief

Sculpture dont les formes se détachent légèrement du support.

Bauhaus

Ecole d'art et d'architecture allemande fondée par Walter Gropius en 1919, fermée en 1933, dans laquelle le rationalisme et le fonctionnalisme servirent de principe aux arts appliqués. De nombreux artistes et architectes y ont enseigné (Malevitch, Klee, Kandinsky...).

Beau

Ce qui fait éprouver une émotion esthétique. "Les règles

du beau sont éternelles, immuables et les formes en sont variables" (Delacroix) Le beau est donc une notion qui peut varier selon les civilisations, les modes et les époques.

Bestiaire

Représentations d'animaux réels ou imaginaires dans une œuvre ou un groupe d'œuvres d'un même auteur ou d'une même époque. Les bestiaires étaient très courants au Moyen Age.

Bidimensionnel

Qui ne possède que deux dimensions, qui se déploie sur un plan (la troisième étant considérée comme négligeable).

C'est le cas des images, peintures ou photos, par exemple.

Bord

Désigne le pourtour, la partie située à la limite, au contour, ou encore à l'extrémité d'une surface ou d'un objet.

Cadavre exquis

Inventé par les surréalistes, cette expérience consiste à écrire ou dessiner à plusieurs sur un même support. Chacun leur tour, les protagonistes écrivent ou dessinent sans savoir ce qui a été réalisé auparavant.

Cadrage

Désigne l'action de choisir avec précision ce qui sera présenté au regard du public (cadrer). Le cadrage a une conséquence directe sur le plan de l'image (gros plan, plan d'ensemble, etc...). Tout ce qui se trouve à l'intérieur du cadre est dit dans le champ, que tout ce qui n'est pas dans le cadre est dit hors champ. Par extrapolation, ce terme peut être utilisé pour une peinture ou un dessin.

Cadre

Bord matériel qui isole le champ de l'œuvre bidimensionnelle de l'espace environnant. Ce mot désigne souvent la bordure de bois ou de métal qui entoure un tableau et contribue à sa présentation mais il désigne aussi plus généralement ce qui limite le champ d'une image. Exemple :
tour ou bordure d'un tableau, case d'une vignette de bande dessinée, tour d'une photographie ou d'un bas-relief...

Cadrer

Choisir les limites de la prise de vue ou de l'image (photographie, cinéma, vidéo) ou son contenu.

Calligramme

Texte le plus souvent poétique dont les lettres ou les mots forment aussi un dessin. Ce dessin est une illustration du texte. L'écrivain Guillaume Apollinaire (1880-1918) est l'un des grands spécialistes du genre.

Calligraphie

Art de bien former les lettres de l'écriture. Les pays musulmans et asiatiques ont particulièrement développé cet art.

Camaïeu

Le camaïeu est une manière de peindre avec les valeurs d'une seule couleur. On obtient ainsi différentes nuances ou valeurs.

Camouflage
Action de dissimuler, de déguiser ou de transformer avec l'intention de soustraire à l'attention et à la vue.

Canon
C'est l'ensemble des règles qui déterminent les proportions du corps humain à une époque donnée et selon des critères esthétiques propres à chaque culture. Par extension, un canon est un modèle aux proportions idéales. Les canons de la beauté servent de référence pour toutes les créations du même type. L'Apollon du Belvédère (Statue du Musée du Vatican) a été considéré depuis la Renaissance comme le canon de beauté masculine hérité de la Grèce ancienne.

Caricature
(du latin carricare : charger) Déformation exagérée des traits d'une personne dans un portrait. C'est le dessin humoristique ou satirique d'un personnage. Il en donne une vision déformée, exagérant les défauts, les particularités physiques ou morales.

Catégorie
Ensemble d'éléments de même nature ; genre selon une classification traditionnelle : le portrait, le paysage, la nature morte, la peinture d'histoire...

Cerner
En peinture, cerner est une opération qui consiste à marquer plus ou moins fortement un contour, celui d'un personnage ou d'une forme.

Champ
Désigne l'espace ou la surface limitée par le cadre. Le champ d'un appareil photographique désigne la portion

d'espace qui sera photographiée. On parle aussi de champ de vision pour désigner ce qui s'offre à notre regard. Le contre-champ désigne à la fois la disposition de la caméra opposée à celle du plan précédent et le plan qui sera filmé sous cet angle de vue et ce cadrage.

Cinéma
Abréviation de cinématographe. C'est l'art de créer des films sur pellicules, le plus souvent en 16mm ou 35 mm (largeur de la bande). Le cinéma se différencie de la vidéo par le support des films, par le mode d'enregistrement et par la diffusion des images.

Cinétisme
Mouvement artistique dont les œuvres sont caractérisées par l'utilisation du mouvement réel (Calder, Tinguely, Pol Bury, Sotto).

Circulation
Passage, trafic, ensemble des flux et des mouvements, ou ensemble des parcours dans un espace.

Citation
Dans une œuvre plastique, une citation est une référence directe à une autre œuvre, dans sa totalité ou pour partie.

Clair-obscur
Procédé technique qui consiste à jouer sur la diffusion de la lumière dans une peinture représentant le plus souvent des scènes d'intérieurs nocturnes. Les effets de lumière sont très puissants à certains endroits du tableau et inexistants à d'autres. C'est une peinture de contraste dans laquelle excelle Caravage (1571-1610) et Georges de La Tour (1593-1652).

Classique
En arts plastiques, désigne ce qui appartient à l'Antiquité gréco-romaine ou les œuvres et artistes qui s'inspirent de cette période à partir du XVe siècle. Le terme est également synonyme de traditionnel.

Cliché
Désigne un négatif en photographie. Au sens figuré, désigne une représentation basée sur des idées reçues.

Cobra
(de Copenhague Bruxelles Amsterdam). De 1948 à 1951 ce mouvement artistique a privilégié toutes les formes d'art non officiel : art brut, arts populaires, arts primitifs, dessins d'enfants... (Alechinsky, Appel, Jorn...).

Cohérence plastique
C'est la logique qui se dégage de l'ensemble d'une œuvre, même si les éléments qui la composent sont hétérogènes. Une œuvre est cohérente lorsque les relations entre les différentes parties entretiennent entre elles un lien particulier et concourent aussi à créer un tout.

Collage
Procédé apparu au début du XXe siècle consistant à fixer sur un support des fragments de matériaux initialement hétérogènes, en particulier des papiers découpés, des photographies et des petits objets voisinant ou non avec de la matière picturale. L'un des premiers « collages » est une œuvre de Pablo Picasso, "Nature morte à la chaise cannée" de 1912, dans laquelle il colle un morceau de toile cirée imprimée d'un motif de cannage pour figurer le dessus d'une chaise.
Ce geste est fondamental dans l'art du XX° siècle ; il est

également utilisé dans d'autres domaines (musique, littérature) et remis en avant par l'infographie.

Une de ses pratiques insiste sur le rapprochement, la juxtaposition des images (Surréalistes dont Max Ernst) ; une autre insiste davantage sur la violence d'impact du matériau et sur les possibilités poétiques et formelles qu'elle libère (Arp, Chaissac, Dubuffet, Schwitters...).

Combinatoire

Qui concerne les différents possibilités d'arrangement, de combinaison et de permutations des éléments d'un tout.

Combine painting

Mot américain qui désigne la peinture de certains artistes incluant des objets divers et inattendus comme dans les œuvres de Robert Rauschenberg à qui l'on doit l'utilisation de ce mot.

Composite

se dit d'une œuvre formée d'éléments hétérogènes (différents, disparates).

Organisation hiérarchisée d'un espace bi ou tridimensionnel qui tient compte du format dans lequel elle s'inscrit (différent en cela de la structure) et dont le tout est davantage que la somme des Composition parties qui la constituent.

Elle désigne la position des différents éléments qui sont représentés dans une œuvre.

Le choix de cette position est très important pour la signification de l'ensemble.

A l'aide de croquis et de dessins préparatoires, l'artiste passe souvent beaucoup de temps à rechercher la meilleure composition possible. Ce travail lui permet aussi de visualiser l'ensemble de l'œuvre avant même d'entreprendre la réalisation partie par partie.

Compression
Désigne une œuvre obtenue grâce à cette technique; le terme est le plus souvent associé au travail du sculpteur César.

Concept
Représentation mentale, générale et abstraite d'un objet (c'est l'idée générale).

Conceptuel
Qui fait référence à une réflexion de l'esprit, aux idées, au concept et non à la nature physique de quelque chose. (voir aussi œuvre conceptuelle).

Connotations
En analyse d'image rechercher les connotations c'est déduire de ce que l'on voit ce qui n'est pas directement montré, mais suggéré par les codes plastiques, les moyens d'expression utilisés qu'il convient donc de savoir décoder.

Constituants plastiques
Désigne l'ensemble des éléments plastiques d'une œuvre (formes, couleurs, matières, rythmes,etc...) et leurs interactions qui produisent le sens .

Construction
1. Action d'édifier, de bâtir, d'assembler les différentes parties d'un tout
2. Résultat de la construction
3. Elaboration ou conception d'un projet.

Construit
Qui résulte d'une construction (assemblage) qui peut répondre à un programme préétabli ou non.

Contexte
Ensemble de ce qui constitue l'environnement et les circonstances dans lesquels s'est produit un événement, une création, etc... Le contexte peut permettre d'en préciser le sens, la valeur.

Contour
C'est la ligne virtuelle ou dessinée qui marque le tour d'un corps, d'un objet ou d'une figure. Le
contour est une limite.

Contraste
Antagonisme entre deux aspects d'un système. C'est une opposition importante et remarquable
entre deux couleurs, deux formes, etc... Le noir contraste fortement avec le blanc.
Ainsi dans une œuvre : l'opposition de couleurs, de valeurs, de dimensions, de formes, de matières, etc... se font ressortir l'une l'autre.

Contre-jour
Phénomène optique dû à la présence d'un éclairage situé derrière l'objet ou la personne que l'on regarde. Ce dernier, ou cette dernière, devient totalement sombre et l'on ne distingue aucun ou très peu de détails.

Contre-plongée
Terme cinématographique et photographique qui indique que le sujet que l'on observe est placé plus haut que le niveau de nos yeux.

Coop Himmelblau
Fondé en 1968 en Autriche par trois architectes ce groupe s'est constitué autour d'une idée : "...rendre l'architecture aussi légère et variable qu'un nuage en

sollicitant l'imagination". "Construire le bleu du ciel" pour libérer l'architecture, la rendre ouverte en repoussant sans cesse les limites, tel est le défi d'une démarche singulière et radicale.

Copier
Reproduire à un ou plusieurs exemplaires.

Corps
Le corps humain, tantôt sujet (figuré ou en acte), tantôt objet (pinceau vivant dans une anthropométrie de Klein) joue un rôle primordial dans l'art du XX° siècle. Au cours de l'acte pictural, l'action du corps de l'artiste, sa gestualité, est privilégiée dans de nombreux mouvements artistiques (Action Painting, expressionnisme abstrait, tachisme...), parfois au contraire rejetée à dessein (hyperréalisme). On parle aussi du corps de la peinture, de sa matérialité expressive.

Couleur
« la couleur est la matière première de la peinture » (T. Van Doesburg, 1930). Chaque artiste lui voue un intérêt particulier et lui attribue une fonction précise. Fernand Léger, par exemple, se sert de la couleur comme d'un moyen de structurer l'espace plastique alors que Georges Braque affirme: « La couleur vint plus tard. Il fallait bien créer un espace avant de le meubler. Mais une fois créé, il devait être meublé »
Matériellement, on obtient la couleur grâce à des pigments.
Il existe trois couleurs primaires pigment : magenta, jaune (yellow) et cyan. Ce sont des couleurs pures impossibles à obtenir en mélangeant d'autres couleurs. Lorsque l'on mélange deux couleurs primaires, on

obtient les couleurs complémentaires : orange (jaune + magenta), vert (jaune + cyan), violet (cyan + magenta). Grâce aux couleurs primaires, on peut obtenir par mélange toutes les autres couleurs possibles et imaginables. Par exemple, on obtient du marron en mélangeant du jaune et du rouge en proportions identiques, puis en ajoutant un peu de noir ou de bleu. Le blanc correspond à l'absence totale de couleur alors que le noir est le résultat du mélange des trois couleurs primaires dans des proportions absolument identiques (synthèse soustractive).

En physique (synthèse additive), pour la vidéo ou la télévision, le noir est l'absence de lumière, le blanc est la lumière. Les couleurs primaires lumière sont alors le bleu, le rouge et le vert. Lorsque l'on fait converger trois sources de lumière, une bleue, une rouge et une verte, on obtient une lumière blanche. Chacune de ces trois couleurs primaires contient une part de blanc qui ne peut être obtenu que par addition des deux autres.

Coulure

Trace que laisse une matière fluide qui coule sur une surface.

Créer

Inventer, transformer ou réorganiser en fonction d'une nouvelle conception, apportant ainsi une nouvelle perception.

Croquis

C'est un dessin rapide à main levée destiné à noter graphiquement une idée ou une observation et qui n'a pas obligatoirement une destination ou une dimension artistique.

Cubisme
Mouvement artistique qui, entre les années 1910 et 1930, qui tente de représenter plusieurs points de vue d'un même objet simultanément (Picasso, Braque, Juan Gris)

Cycle
En art, c'est un ensemble d'œuvres réalisées autour d'un même thème ou sujet.

Dada ou Dadaïsme
Mouvement artistique né pendant la première guerre mondiale (1916) caractérisé par une remise en question de l'idée de Beau en art et une provocation non dénuée d'humour (Arp, Hausmann, Man Ray, Picabia, Schwitters, Tzara, ...)

Décoratif
Se dit d'éléments qui n'ont d'autre fonction que l'agrément et l'embellissement.
Péjorativement: sans réelle importance, sans intérêt.

Déconstruit
Résultat d'une déconstruction, c'est-à-dire de la décomposition organisée d'un système élaboré. (voir : construit)

Découpage
Action d'extraire un élément en le taillant selon son contour ou action de morceler un ensemble. Désigne aussi la présentation d'un récit (scénario) en division (plans ou séquences) comportant toutes les indications techniques nécessaires à sa réalisation (film, BD...)

Déformation

Action qui consiste à transformer, altérer, modifier la forme ou la structure.

Dégradé

Affaiblissement progressif et continu d'une couleur ou d'une valeur. Il désigne le passage d'une couleur à une autre, ou d'une valeur à une autre avec une transition où les deux se confondent.

Délimiter

Circonscrire, fixer et marquer les limites, les frontières.

Dénotation

En analyse d'image, faire la dénotation c'est décrire tout ce qui est de l'ordre du représenté, repérer toutes les informations, contenue dans l'image en opérant une hiérarchie.

Démarche

C'est une manière de conduire un raisonnement, une méthode. La démarche artistique est la manière dont un artiste effectue son itinéraire de création par rapport à des choix (thème, engagement, support, format, technique, etc...) voire même en travaillant avec le hasard. La démarche est très importante, elle détermine et singularise l'œuvre, elle caractérise l'artiste.

Demi-teintes

On appelle demi-teintes les teintes dont la valeur est à mi-chemin entre le clair et le foncé.

Design

Discipline artistique tournée vers la conception d'objets usuels. Outre l'aspect esthétique de ces objets, le design doit respecter des contraintes fonctionnelles et des impératifs de production.

Dessin
Ensemble de traits ou de lignes. Le dessin est une technique et un art. C'est également le contour d'un objet, d'une personne, etc... Le dessin préparatoire est exécuté pour étudier la composition, la construction de l'espace ou les traits d'un personnage, avant la réalisation d'une œuvre.
Le dessin technique est un dessin dont la destination est essentiellement fonctionnelle. Il doit être d'une exécution précise, porter des dimensions (des cotes) ou une échelle de grandeur. Il sert de base à la réalisation de toutes sortes d'objets.

Détail
Le détail peut désigner une petite partie d'une figure, d'un objet ou d'un ensemble. "En détail" signifie avec précision, sans exclure la moindre partie ou le moindre aspect.

Détournement
Procédé artistique qui consiste à s'approprier une œuvre ou un objet et à l'utiliser pour un usage ou une représentation différents de l'usage ou la représentation d'origine.

Détourner
En arts plastiques, c'est utiliser une œuvre ou un objet existant en modifiant son sens original ou sa fonction.

Détrempe
Technique de peinture qui utilise des pigments additionnés d'une matière coagulante (œuf, colle, etc...).

Désigne aussi l'œuvre réalisée avec cette technique.

Diégèse
Univers fictif (temps et lieu) dans lequel l'action d'un récit se déroule.

Dilution
(latin diluere: détremper) Action d'ajouter de l'eau ou un liquide à un autre liquide, pour le rendre plus fluide ou en modifier les caractéristiques.

Diptyque
Œuvre composée de deux parties pouvant éventuellement se refermer l'une sur l'autre. (voir aussi triptyque)

Dispositif
Ensemble des composantes de toutes natures (temporelle, spatiale, instrumentale...) choisies pour produire une œuvre d'art.

Disproportion
Défaut de proportion, volontaire (voir les personnages de Botero) ou non.

Dripping
Technique de peinture associée au peintre Jackson Pollock (1912-1956) et qui consiste à projeter la peinture sur une toile avec un pinceau ou tout autre instrument. L'artiste déroule sa toile sur le sol et, au lieu d'utiliser des pinceaux, déplace des bidons de peinture percés au-dessus du support. En projetant par gestes la peinture, il laisse ainsi des traces et des traînées.

Ecart
Différence, distance entre un objet (un personnage, une scène, un paysage, etc...) réel et sa représentation.

Échelle
Rapport entre les dimensions réelles d'un objet (bâtiment, paysage) et celles de sa représentation (carte, plan, maquette). Ce qui permet, par comparaison, d'évaluer un ordre de grandeur. Pour réaliser le plan d'une maison, on pourra réduire toutes les dimensions, de manière proportionnelle. Sur le plan, par exemple, un centimètre représentera un mètre.

Ébauche
C'est le premier stade d'exécution d'une œuvre picturale ou sculpturale. A ce moment, la structure générale ou la composition est déjà visible.

Effacement
Action de faire disparaître en frottant, en grattant, en gommant... Caractère de ce qui s'affaiblit, disparaît ou se retire.

Effet
Impression esthétique recherchée par l'emploi de certaines techniques.

Élévation
C'est un moyen physique (socle, piédestal, etc...) qui permet de présenter quelque chose en hauteur, généralement au niveau du regard d'un observateur.

Ellipse
Désigne des événements du récit qui ne sont pas montrés mais que des indices permettent d'imaginer.

Emboîter

Technique d'assemblage où les éléments pénètrent les uns dans les autres. L'emboîtage permet de travailler en trois dimensions en assurant une certaine solidité à l'ensemble.

Empâtement

C'est le relief que produit la peinture lorsqu'elle est utilisée en épaisseur.

Empâter

C'est un moyen de produire des effets de matière grâce à la peinture utilisée en sur-épaisseur.

Le premier résultat d'un empâtement peut être une diminution de la lisibilité du sujet représenté. Le second est l'introduction des traces de gestes ou d'instruments. Ce sont des éléments extérieurs à la représentation mais liés au processus de création auquel ils participent.

Empreinte

C'est la trace laissée par quelque chose ou quelqu'un, sous l'action de son poids, de son déplacement ou par frottage. Marque en creux ou en relief obtenue par pression d'un corps sur un matériau plus ou moins dur ; trace obtenue par frottage sur un support souple qui épouse les aspérités d'un relief. L'empreinte, comme point de départ de l'œuvre ou comme œuvre se rencontre chez plusieurs artistes tel que Max Ernst (1891-1976) et ses «frottages», dans les années 1920-1930, puis vers le milieu du XXe siècle, en particulier chez Yves Klein (1928-1962), Claude Viallat (né en 1936) ou encore Niele Toroni (né en 1937).

Encadrement

Action d'encadrer ou ce qui encadre ou entoure (voir

cadre).

Encadrer
Entourer d'une bordure pour isoler, mettre en valeur ou détacher du contexte.

Encre
Liquide coloré dont on se sert pour écrire, dessiner ou imprimer. L'encre de Chine est obtenue avec du charbon ou du noir de fumée. La sépia, de couleur brun noirâtre est l'encre que l'on retire de la seiche (seppia en italien). Les encres de couleur sont le plus souvent à base de pigments synthétiques.

Enduit
Couche de mortier ou préparation appliquée en une ou plusieurs couches sur un support pour le préparer à servir de base à la peinture. L'enduit modifie les caractéristiques du support, en particulier en éliminant ses capacités d'absorption.

Enluminure
C'est l'art de décorer les manuscrits à l'époque où l'imprimerie n'existe pas encore, principalement au Moyen Âge.

Enveloppe
Désigne ce qui habille une structure, une armature. C'est l'aspect extérieur.

Environnement
1. Contexte dans lequel se trouve ou se crée un objet, un être vivant, une espèce, une œuvre...
2. Dans les années soixante-dix : mot utilisé pour désigner le contexte écologique global.

3. D'origine anglaise et rapporté à l'art, ce terme désigne toute forme d'art constituée par la combinaison de matériaux, d'objets et d'éléments tirés du monde quotidien, répartis dans un espace que l'on peut parcourir et demandant au spectateur une pratique active.

Ephémère
Notion renvoyant à la courte durée de vie de certaines œuvres. Cette durée est volontairement limitée par l'artiste, soit qu'il utilise les différentes possibilités de dégradation des matériaux au cours du temps, soit que la production de l'œuvre soit de courte durée : action, event, performance.

Épreuve
On appelle épreuve chaque tirage d'une gravure ou d'une sculpture. Une épreuve d'artiste est un tirage réalisé par l'artiste lui-même et souvent annoté de sa main E.A pour Épreuve d'Artiste.

Equilibre
1. Etat de ce qui est harmonieux. Traditionnellement, des compositions équilibrées obéissaient à des normes ou des canons comme la symétrie, le nombre d'or, etc...
2. Etat de stabilité et de repos.

Espace
Lieu d'investigation de l'artiste: espace bidimensionnel, tridimensionnel, ou encore espace social, culturel. Il existe plusieurs types d'espaces :
L'espace littéral est l'espace physique (réel) offert par le support brut. On parle de l'espace littéral d'une feuille de papier ou d'espace plan. Cet espace limité possède des dimensions et une matérialité propre qui dépendent

totalement du support.

L'espace suggéré est la profondeur représentée sur un support bidimentionnel (papier, carton, toile, etc...) par différents moyens comme la perspective, la succession des plans, etc...

L'artiste peut donner l'illusion que ce qu'il représente est en volume. Il peut également donner l'illusion que des volumes (des corps ou des objets) se trouvent à différents endroits dans cet espace suggéré, et cela sur une feuille de papier ou un autre support.

Espace tridimensionnel.

L'espace en trois dimensions est physiquement bien réel, on peut s'y déplacer. Les sculpteurs et les architectes sont confrontés aux rapports de leurs œuvres avec cet espace.

Esquisse

Dessin exécuté au crayon, au fusain, l'esquisse donne l'impression d'être inachevée. Elle est le point de départ de la réalisation d'une œuvre et n'est pas un aboutissement. Elle sert à guider l'artiste jusqu'au travail final, sur un autre support.

Esquisser

C'est la phase préparatoire à la réalisation d'une œuvre aboutie. Elle est indispensable pour sélectionner la meilleure orientation possible. Certains artistes réalisent quelques dizaines d'esquisses avant de travailler sur un support définitif

Estampe

L'art de l'estampe permet la reproduction mécanique d'un dessin en un certain nombre d'exemplaires appelés épreuves, à partir d'une plaque de bois, de cuivre ou d'acier gravée qui sera encrée. En fonction du support et de la technique de gravure qui va faire apparaître le dessin sur le support, l'estampe porte des noms différents (voir gravure).

Esthétique
(du grec aisthanesthai = sentir)
1. nom. Science du beau dans la nature et dans l'art; conception particulière du beau pour chaque individu ou civilisation (Hegel, Alain, Taine)
2. Adj. Qui participe de l'art (voir artistique)
3. Adj. relatif au sentiment du beau

Estomper
Estomper consiste à dégrader, à adoucir, à atténuer les contours d'un dessin ou toutes autres parties.

Étendue
Propriété liée à la quantité d'occupation d'un espace. C'est une superficie, c'est à dire une surface au sol. On parle de l'étendue d'un paysage, qu'il soit réel ou représenté de manière plus ou moins réaliste, en peinture comme en photographie.

Étude
C'est un dessin, une peinture ou un modelage réalisé d'après nature et servant à la préparation d'une œuvre plus élaborée.

Event
L'event (mot anglais) est proche de l'action, sans toutefois posséder son caractère provocateur ou dénonciateur ; elle relève davantage de gestes quotidiens et anodins.

Evidement
Action d'ôter de la matière à un objet ou de pratiquer une échancrure dans une forme.
L'évidement constitue l'une des opérations les plus radicales de la sculpture moderne et contemporaine : c'est aussi l'absence de matière qui va être sculptée.

Exposer
Installer ou présenter à un public de manière à attirer l'attention et le regard. En photographie, désigne l'action d'éclairer le négatif lors de la prise de vue ou le papier lors de l'agrandissement en laboratoire.

Exposition
Action qui consiste à placer intentionnellement sous le regard du public notamment dans les galeries et les musées.

Fabrication
(latin: fabricare, faber, artisan) Action essentiellement technique qui consiste à confectionner, à élaborer, à partir de matière première ou matériaux divers. La fabrication est souvent une étape de la création artistique.

Façade
Désigne souvent la face d'un bâtiment sur laquelle s'ouvre l'entrée principale, mais aussi parfois chacune des faces extérieures d'un bâtiment : façade principale, postérieure, latérale.

Façonnage
Désigne toutes les opérations de mise en forme d'objets ou d'œuvres en trois dimensions, à partir de matériaux plutôt durs comme le métal, le bois, etc... On emploie

des machines ou des outils.

Facture
Elle désigne l'aspect général d'un travail (surtout dans le domaine des arts appliqués ou de l'artisanat), dit de bonne ou de mauvaise facture en fonction de sa bonne ou mauvaise qualité de fabrication.

Figuratif
Se dit des arts qui représentent une réalité perceptible par les sens, notamment la vue. Tout sujet reconnaissable comme la peinture d'un objet, d'un Paysage....

Figuration
Tendance artistique qui consiste à figurer, à représenter le réel (monde sensible) de manière plus ou moins réaliste. Lorsqu'une peinture ou une sculpture n'est pas figurative, qu'elle ne représente rien d'identifiable, de reconnaissable, on dit qu'elle est non-figurative.

Figuration Libre
Mouvement artistique des années 1980 qui privilégie une peinture figurative souvent inspirée d'autres média.

Figure
Ce mot à plusieurs sens. Il désigne le visage d'un homme, d'une femme ou d'un enfant. On parle par exemple de figure humaine. C'est également la représentation de quelque chose ou quelqu'un, ou simplement sa forme extérieure. En peinture, la figure s'oppose au fond quand elle est un motif isolé. C'est aussi un dessin utilisé en géométrie pour étudier l'espace et les formes.

Flou
Ce qui n'est pas net et semble "vaporeux" ; comme perçu au travers d'un brouillard. Cet adjectif qui désigne le manque de netteté volontaire ou accidentel dans la prise de vue d'une photographie ou la réalisation d'une image. En photographie, on parle de flou artistique pour désigner un effet de flou volontaire.

Fluidité
Caractère de ce qui est liquide ou gazeux, de ce qui peut aisément s'écouler, épouser la forme du contenant.

Focaliser
Concentrer, faire converger vers un point précis (origine latine, focus, foyer: "la focale d'une lentille" en optique).

Fonctionnel
Adapté à un usage particulier, à un rôle dévolu.

Fond
Partie représentée à l'arrière plan et étant considérée comme la plus lointaine dans une œuvre bidimensionnelle. Le fond est également l'espace figuré ou la surface qui permet au sujet, à la forme de se détacher. Exemple: personnage sur un fond de ciel bleu ou carré noir sur fond blanc.

Format
1. Caractérise la forme (rectangle, carré, ovale...), les dimensions (taille), les proportions (rapport entre les dimensions), l'orientation (vertical, horizontal...) d'un support ou d'une œuvre.
2. Dimensions d'un support bidimensionnel (papier, carton, etc...). Pour le papier, certains formats ont un nom qui correspond à des dimensions précises : Grand

Aigle (75 x 110 cm) ou Raisin (50 x 65 cm). Le format 24 x 32 cm correspond à 1/4 raisin.

D'autres termes plus techniques désignent également des formats : A4 (210 x 297 mm), A3 (297 x 420 mm) et A2 (420 x 594 mm).

Le format d'un support conditionne l'attitude de l'artiste. Lorsqu'il travaille sur un grand, voire très grand format, l'artiste ne voit généralement qu'une partie de sa toile ou de son support.

S'il veut voir l'intégralité de son œuvre, il doit prendre du recul, mais dans ce cas, il ne peut travailler, sauf s'il utilise des instruments à la mesure du format. Le grand format impose une manière de travailler différente du petit format.

Forme

Le mot forme désigne l'aspect extérieur d'une surface (deux dimensions) ou d'un objet (trois dimensions), figuratifs ou non, dont les limites, le contour ou la silhouette sont identifiables.

Par exemple, une forme humaine est une forme dont le contour rappelle celle d'un homme.

Dans ce cas, on l'appelle forme anthropomorphe. Une forme d'animal sera appelée zoomorphe.

Lorsque le contour de la forme se profile sur un fond, on parle de silhouette.

On précise forme fermée lorsque le contour de celle-ci produit un effet de «clôture » et forme ouverte lorsque l'enfermement produit au contraire un effet d'accueil ou d'expansion.

Désigne aussi une structure identifiable dont les parties sont organisées selon une combinaison particulière, selon un ensemble de relations indépendamment de la contiguïté spatiale (exemple : la forme d'une constellation qui est indépendante d'un quelconque contour).

Fractale
Ligne mathématique décrivant des objets dont les formes révèlent, par observations de plus en plus poussées, des motifs et des structures similaires (ramifications d'un cristal de neige par exemple).

Fragmentation
Action de (se) morceler, de (se) diviser; le résultat de cette action.

Fresque
Technique de peinture murale qui consiste à peindre sur un enduit frais avec une peinture à l'eau dont les pigments seront ainsi durablement absorbés.

Frise
Bande décorative continue et ornementale mais aussi en architecture, partie d'un entablement.

Fusain
Bâtonnet de charbon de bois plus ou moins dur utilisé pour dessiner.

Futurisme
Mouvement artistique, essentiellement italien et russe, du début du XX° siècle. Il glorifie les progrès de la vie moderne en créant des œuvres qui en traduisent le mouvement: Balla, Boccioni, Larionov, Severini...

Fuyantes
Appelées aussi lignes de fuite. Lignes à partir desquelles s'élaborent les perspectives (voir Point de fuite).

Galerie

Lieu où l'on commercialise les œuvres d'arts. Elles y sont présentées en permanence ou lors d'expositions temporaires.

Genre

En arts plastiques, il désigne les grandes familles d'œuvres, par exemple, les portraits, les paysages ou les natures mortes.

Selon l'Académie au XVIIe siècle, les genres majeurs sont la peinture d'histoire, la peinture religieuse et l'allégorie. Les genres mineurs sont: le portrait, la nature morte, le paysage, la peinture de genre.

Cette classification a eu pour conséquence de contraindre les artistes à être des «spécialistes» de tel ou tel genre, majeur ou mineur, et de déterminer aussi le format du support: très grand pour les genres majeurs, beaucoup plus modeste pour les genres mineurs.

Le XIXe siècle, puis le XXe siècle, mettent un terme à cette hiérarchie des genres, à cette classification rigoureuse. On appelle scène de genre ou peinture de genre une œuvre qui représente des sujets populaires, ordinaires ou intimes, tel qu'un repas ou une réunion familiale.

Gestes

Dans certaines œuvres, il est possible d'observer les traces laissées par le geste du créateur.

Ces traces sont de deux ordres et sont interdépendantes. On distingue les traces laissées par les gestes et celles laissées par les instruments. Les traces des instruments donnent une indication sur la gestuelle de l'artiste. Ces traces peuvent traduire des gestes amples, précis, rapides, saccadés, nerveux, violents, etc... Ce sont autant de qualificatifs qui vont préciser leur nature. Les traces d'instruments donnent quant à elles des indications sur la manière dont les matériaux ont été utilisés.

Gouache
Pigments de couleur sous forme de pâte contenue dans un tube, de poudre ou de pastille solide, elle se dilue avec de l'eau.

Graphique
En rapport avec la manière d'écrire ou de dessiner.

Graphisme
En arts plastiques, le graphisme désigne :
1. la manière particulière et propre à chacun d'écrire ou de dessiner. Par exemple, on dira d'un artiste qu'il a un graphisme compliqué, simple, épuré, mordant, sensuel ou tout autre adjectif qui permette de le caractériser.
2. la qualité des traces laissées intentionnellement sur un support (écritures, lignes, signes, etc...)

Graffiti
Initialement, le graffiti est un dessin gravé dans la pierre dont la gravure est remplie de graphite (Cathédrale de Sienne, Italie).
Il désigne aujourd'hui un tracé instinctif et spontané.
Le tag réalisé dans les lieux publics à l'aide de bombes de couleurs en est actuellement la forme la plus répandue. (voir Street Art)

Gravure
D'une manière générale, désigne toute reproduction de dessin ou de tableau mais également l'ensemble des procédés de réalisation d'estampes obtenues à partir

d'une planche gravée. Il existe plusieurs techniques de gravures.

On appelle pointe sèche une plaque de métal gravée avec une pointe, eau-forte une plaque de métal gravée par l'acide, burin, xylographie une plaque de bois gravée avec un burin et chalcographie (prononcer kalcographie) la gravure sur une plaque de métal (cuivre, zing, étain...) La linogravure est une technique d'estampe obtenue grâce à du linoléum gravé.

Le monotype est une plaque peinte à la main qui ne permet de réaliser qu'une seule et unique épreuve. La manière noire est une gravure à l'eau forte où le sujet apparaît en blanc et gris sur fond noir (négatif). L'aquatinte est une gravure à l'eau-forte qui imite le lavis.

Enfin, l'héliogravure est un procédé de gravure en creux utilisant, comme pour la photographie, la lumière afin de reproduire son modèle. Après encrage, les parties gravées restent blanches sur le support. L'image obtenue est évidemment inversée (comme vue dans un miroir).

Avant l'invention de la photographie (milieu du XIXe S.) la gravure a permis la diffusion des reproductions d'œuvres d'art qui servirent de modèles ou de références à de nombreux artistes.

Gros plan
Vue rapprochée, image grossie, cadrage très serré. (Voir: plan, cadrage).

Hachures
Remplissage d'une surface par une trame régulière de lignes parallèles ou entrecroisées. Elles permettent de changer les valeurs et les matières des surfaces pour donner l'impression de volume, de modelé, ou d'ombrer certaines parties d'un dessin ou d'une gravure.

Happening
Manifestation artistique des années 60, héritière des interventions futuristes, constructivistes ou dadaïstes. Ces événements publics organisés, plutôt théâtraux, utilisent toutes sortes de techniques (musique, danse, peinture...), souvent le corps, et peuvent transformer l'environnement. C'est l'événement qui fait l'œuvre. Cette démarche a été celle d'Yves Klein, par exemple.

Haptique
(grec haptein, saisir) Ce qui concerne le toucher. "Cette surface n'est pas la surface optique mais la surface haptique que nous suggèrent les perceptions du sens du toucher" (in Worringer, "Abstraction et Einfuhlung", Paris, Klincksieck, 1986).

Haut-relief
Sculpture plaquée sur un support et présentant un relief très saillant sans toutefois se détacher du support dans toute son épaisseur. C'est l'intermédiaire entre le bas-relief et la ronde-bosse.

Hétérogène
Disparate, hétéroclite, constitué de parties ou d'éléments de natures différentes.
L'hétérogénéité des œuvres est l'une des caractéristiques de l'art du XX° siècle. La juxtaposition et l'assemblage rompent avec l'unité des œuvres du passé.

Hologramme
Image photographique donnant l'illusion du relief obtenue grâce à une technique appelée holographie et utilisant le laser.

Hors champ

C'est le contexte qui entoure le champ. Le hors champ se trouve en dehors des limites du cadre ou en dehors de ce qui s'offre à notre regard. Sur une photographie d'identité (Portrait), le corps n'apparaît pas alors qu'il existe en dehors des limites du cadre de la photographie. Le corps est hors champ, on ne le voit pas mais l'on sait qu'il existe.

Icône

C'est une représentation religieuse, sacrée, de petites dimensions, que l'on trouve dans les lieux de culte. Par extension, le mot icône est devenu synonyme d'image. C'est aussi un symbole graphique qui apparaît sur l'écran d'un ordinateur et qui correspond à l'exécution d'une fonction.

Iconoclaste

Désigne celui qui interdit ou détruit les images saintes.

Identique

Pareil, sans différence avec un autre; le(a) même.

Identité

Ce qui fait la spécificité et l'unicité d'un être ou d'un objet ; ce qui le distingue de tout autre.

Illustratif

Qui traduit en images, qui propose un équivalent visuel.

Image

Une image est une représentation de quelque chose ou de quelqu'un par un procédé manuel (le crayon, la peinture, etc...) ou mécanique (l'appareil photographique). (voir aussi icône)

Ce mot désigne aussi une représentation imprimée ou ce qui est reproduit, imité ou évoqué, (être ou chose).

On distingue deux grandes familles d'images : l'image fixe (un dessin, une peinture, etc...) et l'image animée ou mobile (films cinématographiques, vidéos ou de synthèses).

L'image virtuelle est une image qui n'a pas d'existence propre, issue d'une projection lumineuse ou d'un reflet.

L'image numérique est une image scannée, stockée, diffusée ou imprimée par un ordinateur.

L'image de synthèse est une image numérique qui est totalement créée par des calculs informatiques.

Imbrication

Liaison étroite ou état de choses qui se recouvrent en partie comme des tuiles, se trouvent entremêlées, enchevêtrées.

Imitation

Action de reproduire volontairement ou de chercher à reproduire une apparence, un geste, un acte ou une personne.

Infographie

C'est une technique de production d'images fixes ou animées grâce à l'ordinateur. On l'appelle également D.A.O (dessin assisté par ordinateur) mais dans ce cas, la destination du travail n'est pas nécessairement artistique.

In situ

Expression latine qui indique qu'une œuvre est réalisée uniquement pour le lieu qu'elle occupe.

Les œuvres in situ sont souvent accompagnées de dessins, textes ou photographies qui témoignent de la démarche poursuivie et représentent une mémoire des œuvres réalisées.

Actuellement, les œuvres contemporaines in situ sont essentiellement des installations (voir définition).

Beaucoup d'œuvres d'art plus anciennes ont été déplacées pour être exposées dans les musées. Cela peut en modifier la signification si à l'origine elles étaient conçues pour un lieu précis. L'artiste peut lui-même refaire une œuvre in situ dans un autre lieu en suivant la même procédure et en adaptant son travail au nouveau lieu.

Instantané

Désigne une photographie réalisée, spontanément, sans aucune mise en scène.

Installation

L'installation est généralement un agencement d'objets et d'éléments indépendants les uns des autres, mais constituant un tout.

Pour ne pas se réduire à une simple présentation des éléments qu'elle contient, l'installation est réalisée dans des conditions spécifiques qui prennent en compte les tensions ou les conflits qui peuvent apparaître entre l'œuvre et l'espace environnant.

Proche de la sculpture ou de l'architecture, l'installation peut être in situ, c'est à dire construite en relation avec un espace architectural ou naturel et uniquement celui-ci.

Le mot désigne aussi l'œuvre ainsi obtenue.

Instruments

D'une manière générale, les instruments sont des objets servant dans l'exercice d'une activité ou ayant une fonction particulière.

En arts plastiques, ils sont aussi variés que dans les autres domaines et leur énumération serait longue. Chaque instrument a des propriétés propres, des avantages et parfois des inconvénients. Le choix d'un instrument doit se faire en fonction du résultat que l'on souhaite obtenir.

En peinture, les trois instruments les plus courants sont: le pinceau, la brosse et le couteau.

Le pinceau possède des poils souples permettant de supprimer toutes traces de l'instrument.

La brosse possède des poils plus rigides qui peuvent laisser des traces. Elle permet de travailler sur des supports de grandes dimensions. Le couteau sert essentiellement à travailler par empâtement.

Intégration
Opération qui vise à introduire un élément étranger à une entité constituée, modifiant ainsi du même coup l'élément et l'entité initiale.

Internet
Pour les artistes et plasticiens, Internet, outil de communication et de recherche informatique, est à la fois un médium, un matériau, un support et un environnement spécifique. Il permet d'impliquer totalement le public dans les créations (exemple « The File Room » de Muntadas).

Intervention
En arts plastiques, action de l'artiste ou du plasticien considérée comme déterminante.

Jus
En arts plastiques, désigne un liquide teinté servant à peindre ou dessiner.

Kitsch (ou Kitch)

Mot allemand qui désigne un objet, un décor ou une œuvre d'art d'un style désuet, « de pacotille» ou de mauvais goût.

Se dit d'un courant artistique et des œuvres qu'il produit, caractérisés par une hypertrophie du décoratif, une outrance volontaire et ironique du "mauvais goût".

Si le mot est originellement péjoratif, il peut aussi caractériser un choix délibéré et donc perdre cette première connotation.

Land Art

Mouvement artistique dont les protagonistes interviennent directement sur le paysage comme matière première en y imprimant des marques souvent éphémères. L'œuvre se développe par étapes projet, préparations, action, traces de l'action (Long, Dennis Oppenheim, Smithson...).

Lavis

Technique proche de l'aquarelle. On utilise une même encre plus ou moins diluée avec de l'eau et, par le jeu des valeurs, on obtient un camaïeu.

Ligne

Trait continu, réel ou virtuel, que le regard peut suivre.

Limite

La limite est la ligne qui sépare deux espaces ou deux surfaces. C'est une notion clef en arts plastiques, elle concerne la forme, le tracé, la figure, l'espace.

Dans une œuvre bidimensionnelle, elle est souvent imposée par le format du support ou par le cadre.

Ligne de fuite

Ligne droite qui prolonge une ligne du dessin et abouti sur un point de fuite. Elle permet de réaliser un effet de perspective. (Voir aussi fuyantes).

Lithographie

Procédé, distinct de la gravure, qui permet de réaliser plus aisément des estampes. On dessine directement sur une pierre calcaire avec un crayon gras qui repousse l'encre aux endroits choisis. La pierre est ensuite pressée fortement sur du papier préalablement humidifié pour qu'il soit imprimé.

Logo (ou logotype)

C'est une représentation graphique simple, d'une marque, d'une entreprise, d'une organisation, etc...

Lumière

C'est ce qui éclaire et rend visible. On considère deux sortes de sources lumineuses : la lumière naturelle due au soleil, appelée aussi lumière blanche, et la lumière artificielle due à toutes les sources lumineuses destinées à remplacer ou renforcer la lumière naturelle: l'éclairage électrique, une bougie, un flash d'appareil photographique, etc... C'est aussi la représentation de la lumière dans un tableau, en fonction des matériaux et du support choisi (lumière et ombres)

Mail Art ou Art postal

Désigne les productions conçues pour être communiquée ou prolongées par voie postale. Il présente une alternative aux modes de transmission traditionnels des activités artistiques. Initié par les futuristes et les dadaïstes au début du XX° siècle, il est repris par plusieurs courants des années à partir des années 1970

(Arte povera, Fluxus, art conceptuel).

Malléabilité
Propriété physique d'un matériau qui peut prendre facilement la forme voulue.

Manifeste
Texte, livre, théorie ou œuvre que l'on considère comme à l'origine d'un mouvement.

Marine
Désigne un tableau qui représente la mer et l'univers marin : bateaux, installations portuaires, etc... Désigne également un format.

Marouflage
Le marouflage consiste à coller un support en deux dimensions et généralement fragile (photographie ou toile peinte ancienne par exemple) sur un support plus solide (carton, toile neuve, etc...). C'est souvent une mesure conservatoire. On peut également maroufler une toile peinte sur un mur.

Marque
Signe particulier servant à repérer, indice. Trace ou empreinte laissée sur quelque chose (marquage).

Masque
élément servant à cacher quelque chose. On parle de masque pour désigner ce qui cache une visage, mais aussi pour désigner un élément placé devant un autre pour le dissimuler. On peut également considérer le maquillage comme une sorte de masque.

Masquer
Dissimuler partiellement ou totalement avec un masque ou toute autre chose.

Matérialité
Désigne l'ensemble des caractéristiques de la matière ou des matériaux qui constituent une œuvre, la texture, la couleur, la forme etc...

Matériau(x)
Désigne toute matière transformée ou non qui sert à construire et, du point de vue des arts plastiques, ce en quoi est fait une œuvre d'art (marbre, bronze, toile de coton ou de lin, etc...).

Matière
C'est une substance naturelle particulière qui compose une partie ou la totalité d'une œuvre (le bronze, le bois, le marbre, etc...). Lorsque l'on parle de matière, c'est souvent pour désigner l'aspect de celle-ci, sa texture. On parle de matière lisse (le verre) ou de matières rugueuses (certaines roches). Les matières peuvent avoir de nombreux aspects, visuels (granuleux, brillant, mat, etc...) ou tactiles (doux, léger, humide, etc...) et dans ce cas, on parle d'effet de matière. L'effet de matière peut aussi être le résultat de la manière d'utiliser les matériaux entrant dans la fabrication de l'œuvre. Il a une conséquence directe sur l'aspect de celle-ci. Une peinture très épaisse, appliquée au pinceau, au couteau ou à la spatule, produira des effets de matière plus ou moins importants.
L'épaisseur de la peinture réagira différemment en fonction de l'éclairage et en fonction de la position du public. Les effets de matière ont fait l'objet de nombreuses recherches et expériences dès la fin du XIXe

siècle. Les artistes ont alors augmenté la consistance de leur peinture en ajoutant parfois du sable ou de la sciure de bois, ou en collant ces mêmes substances sur la toile avant de peindre. La peinture peut aussi être utilisée avec une grande légèreté, auquel cas la matière fait presque oublier qu'elle existe.

Mécène
Personne (physique ou morale) qui soutient un artiste par un apport financier, ou par des commandes.

Médium
(Média au pluriel). En peinture, et dans le sens premier du terme, le médium désigne le liant qui sert à mélanger et étaler les pigments de couleur (l'eau, l'huile, l'essence, etc...).
Média a pris un sens second dans la communication et désigne un mode de diffusion d'informations (la télévision, les journaux, les livres, etc...).

Miniature
Art très répandu jusqu'au XIXe siècle, la miniature est une peinture de petite taille réalisée sur un support rigide tel que le bois ou l'ivoire (qui donne un aspect nacré).
En Europe, les miniatures sont essentiellement des portraits, des scènes de genre ou des sujets érotiques.

Minimalisme
Tendance artistique née aux Etats-Unis vers 1965 dans laquelle, de façon radicale, des sculpteurs et quelques peintres choisissent de rejeter tout art fondé sur l'illusionnisme de l'image et de la forme. Avec des supports différents ces artistes (Judd, Morris, Smith...) visent à proposer des objets visuels qui réclament du

spectateur une attention concrète à leur présence, à la relation de place et d'échelle qu'il entretient avec eux. Les œuvres sont souvent construites à partir d'un programme, d'une conception qui précède la fabrication, elle-même reléguée à un tiers. Plus largement est dite minimaliste toute œuvre qui tend vers le dépouillement des formes ("less is more").

Mise en abyme
Se dit, par exemple, lorsque deux miroirs, face à face, se reflètent à l'infini. On parle également de mise en abyme pour désigner une œuvre citée ou visible à l'intérieure d'une autre.
Structure d'une image ou d'une œuvre qui contient cette image ou cette œuvre elle-même en représentation (exemple connu: "la boîte de fromage dessinée sur la boîte de fromage dessinée sur la boîte de fromage…").

Mise en scène
Organisation matérielle d'une présentation ou représentation (objets, personnages, décors, mouvements…) dans un espace et un temps choisis.

Mobile
Terme inventé par Marcel Duchamp en 1932 pour désigner les sculptures suspendues et animées de l'artiste américain Alexander Calder (1898-1976) qui travaillera beaucoup sur ce type d'objet en métal léger à mi-chemin entre la sculpture et l'installation dont les éléments entrent en mouvement sous l'action de l'air. Ce mot s'étendra ensuite à toutes sortes d'objets animés d'un mouvement.

Modelage
C'est l'action de former un matériau malléable, facile à

mettre en œuvre (la terre, la cire, le papier mâché, etc…).

Modelé
Le modelé est le relief des formes, des objets, des personnages ou des matières représentées. Une couleur utilisée en aplat ne donne aucun modelé contrairement au dégradé qui donne l'impression de relief.

Modèle
En arts plastiques, on appelle modèle une personne qui pose pour un photographe, un peintre ou tout autre artiste qui va reprendre les lignes, l'image ou l'attitude du corps dans son œuvre.

Module
(du latin modulus, mesure) Unité de base dans un ensemble. Elément qui se répète.

Monochrome
L'adjectif monochrome désigne l'aspect d'un objet ou d'une œuvre dans laquelle n'intervient qu'une seule couleur. Un monochrome désigne une œuvre non figurative qui se réduit à une surface ou un relief peint d'une seule couleur. Yves Klein réalisera des monochromes sur différents supports, papier, toile, éponge, bronze, etc…

Morphologie (de l'image)
C'est la configuration et la structure de l'image : lignes de force, centre d'intérêt, principales lignes qui structurent l'œuvre (souvent sous forme de figures géométriques), direction et orientation des lignes, répartition des pleins et des vides.

Mosaïque
Juxtaposition de petites pierres de couleurs naturelles ou artificielles formant un dessin et recouvrant les murs ou les sols de certains édifices. Les différents morceaux appelés «tesselles» sont assemblés par du ciment.

Motif
En arts plastiques le motif désigne le thème plastique d'une œuvre ("peindre sur le motif") alors qu'en arts appliqués il désigne un thème ou ornement qui, le plus souvent, se répète.

Mouvement
Terme fortement polysémique dont il convient de préciser le sens à chaque utilisation. Il est employé en particulier :
- en histoire de l'art et des styles. Ex. :mouvement minimaliste, conceptuel...
- dans les œuvres qui laissent apparaître le geste de l'artiste
- en référence à la représentation. Ex. :représentation du mouvement d'un objet par des conventions graphiques ou picturales
- en mécanique, en musique ou chorégraphie, en art cinétique...

Mouvement artistique
Tendance artistique, culturelle, intellectuelle, regroupant un certain nombre d'individus dont les travaux et recherches vont dans la même direction. (Généralement, les mouvements artistiques aspirent à un changement ou une évolution.)

Multiple
Objet d'art créé à plusieurs exemplaires ou en série

(sérigraphie, gravure, lithographie, photographie, moulage, bronze....) Cette notion s'oppose à celle d'œuvre ou d'objet unique.

Musée

C'est le lieu de conservation et de présentation des œuvres d'art. Il est le lieu irremplaçable où l'on peut voir et revoir les collections permanentes. Il est aussi le lieu où l'on peut découvrir des expositions temporaires provenant d'autres musées ou de collections privées.

La création des musées publics remonte pour l'essentiel à la fin du XVIIIe siècle.

En France, l'un des plus connus est certainement le musée du Louvre, à Paris. Son ouverture date de 1793. Le musée a considérablement évolué depuis son origine jusqu'à nos jours. Il concentre de plus en plus salles de conférences, bibliothèques et autres services destinés à mettre en valeur les œuvres et apporter le maximum d'informations aux visiteurs.

Mythologie

Ensemble des récits fabuleux et des légendes propres à un peuple ou une civilisation mettant en scène des êtres qui incarnent, sous une forme symbolique, des forces de la nature ou des aspects de la nature humaine.

Narratif

Qui raconte, qui relève du récit ou d'une suite de faits articulés dans le temps.

Narration

C'est la faculté de certaines œuvres, le plus souvent des peintures, à raconter une histoire. On peut observer cet effet narratif dans la peinture d'histoire (qui relate des faits historiques, mythologiques ou religieux) ou les scènes de genre, par exemple. Grâce à des indices laissés par l'artiste, c'est le public qui va recomposer l'histoire qui se déroule devant lui.

Nature morte
Se dit d'une œuvre qui représente des objets inanimés, par exemple, une corbeille de fruits, les vestiges d'un repas ou le gibier tué à la chasse.

Négatif
En photographie, c'est un support sensibilisé à la lumière et qui permet de fixer les images en négatif.
Les couleurs et les luminosités sont inversées sur le négatif. lors du tirage photographique, elles apparaîtront en positif, telles qu'on les voyait réellement.

Non-figuratif
L'art non-figuratif ne représente rien que l'on puisse reconnaître, contrairement aux représentations de la réalité. On emploie également le mot abstrait. L'art abstrait (ou l'abstraction) est une forme d'expression artistique au même titre que l'art figuratif (ou la figuration). Il apparaît au début du XXe siècle, avec l'art moderne, et constitue encore un pan important de l'art contemporain.

Noir
Pour les sciences physiques, le noir est l'absence de couleur.
En peinture, le noir est obtenu (en théorie) par le mélange des trois couleurs primaires (jaune, cyan, magenta).
La peinture noire, par les capacités différentes des matières qui la constituent d'absorber ou de
renvoyer certaines longueurs d'onde, peut produire des couleurs, voire de la lumière (Soulages).

Nouvelle Figuration
Ensemble des courants figuratifs novateurs et souvent contestataires apparus dans les années 60.

Nouveau Réalisme
Mouvement artistique des années 60 qui utilise comme matière des œuvres des objets de la vie quotidienne contemporaine ou des déchets de la société de consommation.
Le groupe d'artistes réuni par le critique Pierre Restany entre 1960 et 1963 est composé de Arman, César, Christo, Niki de St Phalle, Deschamps, Dufrène, Hains, Klein, Raysse, Rotella, Spoerri, Tinguely, Villeglé,...
Les démarches très différentes de chacun d'eux peuvent être regroupées sous l'appellation "gestes fondamentaux d'appropriation du réel" et "nouvelles approches perceptives du réel".

Nuances
C'est ainsi que l'on appelle les variations, parfois très légères, d'une même couleur.

Nu
On appelle nu une œuvre qui représente un personnage dont le corps est, en partie ou en totalité, dénudé (c'est l'un des genres traditionnels des Beaux-Arts). Ce nom reste toujours au masculin, s'il s'agit de la représentation d'une femme, on précise simplement «un nu féminin».

Objet
Produit de l'activité humaine créé et fabriqué dans un certain but fonctionnel ou esthétique.
Introduit dans la peinture par les cubistes (Braque, Picasso), détourné par Marcel Duchamp dans ses ready-

made, mis en scène dans les installations et les environnements, l'objet occupe une place majeure dans l'art du XX° siècle

Œuvre
Chacune des pièces produites par un artiste mais aussi l'ensemble des productions de cet artiste (mot parfois exprimé au masculin dans cette acception).

Œuvre conceptuelle
Désigne une œuvre dont l'intérêt premier est de faire référence à une démarche ou une réflexion de l'esprit. Même s'il n'est pas négligé, l'aspect physique de l'œuvre est secondaire par rapport au concept, à l'idée.
L'art conceptuel apparaît en 1965 aux États-Unis alors que quelques artistes européens (Yves Klein par exemple) travaillent déjà en ce sens à la fin des années 50.

Œuvre interactive
Œuvre qui fonctionne sur le principe d'un échange avec le public. Celui-ci a la possibilité de modifier l'aspect de l'œuvre ou de contribuer à son développement.

Ombre
Zone sombre due à l'absence de lumière ou au fait que la lumière rencontre un obstacle opaque.
L'ombre portée est l'ombre que projette sur une surface tout objet ou toute personne éclairée.
L'ombre propre est la partie ombrée d'un objet lorsqu'il est éclairé d'un côté.

Organisation
C'est la manière de structurer, d'agencer, d'assembler, d'organiser les différents éléments d'une œuvre les uns

par rapport aux autres. Dans certaines œuvres de Hans Arp, on peut même parler d'organisation aléatoire car l'artiste jette en l'air des morceaux de papier qu'il colle sur le support à l'endroit où ils retombent.

Original

1. nom commun : ouvrage de la main de l'homme point de départ d'une reproduction. Œuvre originale : œuvre unique (contraire : multiple, reproduction)
2. adjectif : Surprenant, inattendu, caractérisé par une rupture ou une transgression des normes habituelles (contraire: banal, académique, "classique").

Ornement

Ajout décoratif qui agrémente, embellit, décore un objet ou une construction.

Ornementation

Action, art et manière d'embellir par ajouts, d'agrémenter un objet, une architecture, un monument...

Outil

Objet ou instrument qui prolonge l'action de la main dans un but particulier.

Ouvert

1. Qui laisse un passage par lequel il est possible d'entrer ou de sortir.
2. Caractère de ce qui est réceptif et perméable au champ extérieur.

Palette

La palette, ou gamme chromatique, désigne l'ensemble des couleurs utilisées pour réaliser une œuvre. Elle désigne aussi l'instrument de bois ou de plastique sur lequel l'artiste dépose et mélange ses couleurs.

Passage
Élément plastique ou graphique qui permet une articulation, une transition entre plusieurs parties d'une œuvre. Associé à la notion de progression, de continuité, le passage implique l'évolution dans ses diverses acceptions: déplacement, mouvement... Il peut également être lié à un changement, une rupture. En architecture et en urbanisme il désigne un lieu de circulation.

Pastel
Le pastel est un bâtonnet de pigments secs ou gras. C'est aussi une œuvre réalisée avec cette
technique. Enfin, une couleur pastel est une couleur très claire obtenue en mélangeant du blanc avec très peu de pigments de couleur.

Pastiche
C'est un art qui consiste à s'inspirer d'une œuvre qui existe déjà, pour obtenir une nouvelle réalisation artistique (en littérature comme dans les arts plastiques).
La référence à l'œuvre originale reste évidente, tout comme est parfaitement identifiable l'intervention du pasticheur.
Le sens de l'œuvre originale est ainsi détourné. Le ton du pastiche est souvent celui de l'humour ou de la dérision.

Patine
Coloration et aspect de certaines surfaces modifiées sous l'action du temps. C'est aussi la coloration naturelle ou artificielle de la surface des sculptures.

Patrimoine
Ensemble des biens (culturels, artistiques, historiques, etc...) d'une collectivité.

Paysage
1- Etendue de terre qui s'offre à la vue d'un quelqu'un.
2- Représentation d'un site ou d'un espace réel ou imaginaire, figuratif ou non figuratif, par la peinture, le dessin, la photographie, etc... Genre pictural majeur à partir du XIXe siècle dans l'art occidental, il ne fut que très peu représenté pour lui-même avant cette époque. Il existe plusieurs sortes de paysages, ruraux, urbains, industriels, historiques, etc...

Peindre
Action de recouvrir un support avec de la peinture.
Par opposition à colorier, c'est faire apparaître un dessin (quand il y en a un) en même temps que la couleur est appliquée.

Peinture
Matière colorante liquide avec laquelle on peut recouvrir certaines surfaces.
Elle est constituée de pigments (poudre de couleur) et d'un liquide appelé liant (l'huile pour la peinture à l'huile, l'eau pour la gouache...).
Le temps de séchage de la peinture à l'huile est long, ce qui permet de retravailler son tableau sur une longue période.
La peinture acrylique (pigments de synthèse apparus vers 1950 dans le domaine industriel) a la particularité de se diluer dans l'eau, de sécher très rapidement.
L'aquarelle est une technique de peinture à l'eau où les pigments, abondamment dilués, sont étalés le plus souvent sur une feuille mouillée. La couleur, légère et

transparente, se diffuse en fonction de l'humidité du support.

Pénétrable
Nom d'une œuvre, sculpture ou installation, dans laquelle le public peut pénétrer.
C'est le cas de certaines œuvres de Soto (1923-2005).

Performance
Mode d'expression artistique contemporain fondé sur les attitudes. L'événement ou l'action et son déroulement devant le public constituent l'œuvre. De durée variable et souvent éphémères, les performances peuvent faire intervenir le corps de l'artiste, le son, la danse, la vidéo...
Elles sont souvent filmées ou photographiées pour en garder le souvenir et en conserver des traces matérielles.

Perspective
C'est une technique qui permet de représenter des objets ou tous autres volumes ayant trois dimensions sur un support en deux dimensions (feuille de papier, carton, châssis entoilé, etc...). On peut ainsi les représenter plus ou moins loin et occupant n'importe quelle position dans l'espace. Il existe plusieurs types de perspective :
- La perspective aérienne ou perspective atmosphérique. C'est Léonard de Vinci (1452-1519) qui le premier va définir ce type de perspective. Elle fonctionne sur un principe d'effet d'optique facile à observer : dans un paysage, les couleurs sont de plus en plus claires et bleutées à mesure que l'on progresse dans les plans. Léonard de Vinci l'associe avec la perspective linéaire.
- La perspective linéaire. Construction basée sur la découverte que des segments de droite parallèles sont situés sur des droites qui convergent en un même point

(lignes de fuite). Brunelleschi, architecte, vers 1415 démontre les principes de la perspective linéaire.
- perspective parallèle. Elle existe depuis l'antiquité, il n'y a pas de point de fuite, les lignes sont parallèles entres elles (perspective axonométrique, cavalière).
Une perspective désigne également l'ensemble des éléments qui s'offrent à notre regard en fonction de l'endroit que l'on occupe.

Photographie

Technique qui permet de fixer (mécaniquement et chimiquement) les images de ce qui nous entourent, grâce à un support rendu sensible à la lumière (voir le chapitre sur la photographie dans les principales périodes de l'histoire de l'art).

Photogramme

C'est une image photographique obtenue sans appareil. Il suffit de placer n'importe quel objet sur du papier photographique et de l'insoler à l'aide d'un agrandisseur ou d'une lumière que l'on contrôle. Le papier sera ensuite révélé et fixé comme toute photographie. La forme de l'objet apparaîtra en blanc sur fond noir. Cette technique sera très utilisée par Man Ray.
C'est un assemblage de plusieurs photographies qui peuvent être découpées et collées.

Photomontage

C'est aussi un assemblage de plusieurs photographies qui peut-être photographié à nouveau pour ne rien laisser paraître du montage.

Pictogramme

C'est un dessin très simplifié qui fonctionne comme un signe. Identifiable par tous, il donne des indications diverses comme l'interdiction de fumer, l'emplacement des toilettes hommes ou femmes, la présence d'escaliers mécaniques, le port du casque obligatoire, etc…

Pictural
(XIXeS du latin pictura "peinture") Désigne tout ce qui à rapport ou appartient à la peinture (œuvre picturale, technique picturale…)

Piédestal
Socle plus ou moins haut qui permet de surélever une statue ou une colonne et en constitue la base.

Pigments
Le pigment est un colorant minéral, végétal, animal ou synthétique qui constitue la base de la peinture. Se présentant comme une poudre de couleur, il peut être mélangé à des produits différents qui donneront à la peinture certaines particularités.

Pixel
L'image d'un écran de télévision numérique ou d'un moniteur d'ordinateur est composée d'un certain nombre de petits carrés, les pixels, qui correspondent aux toutes petites surfaces qui composent les images. Ces pixels sont visibles lorsque l'on regarde un écran de très près. Les images numériques (fixes ou animées) sont définies par un certain nombre de pixels en largeur et en hauteur, ainsi que par le nombre de pixels par inch (ou nombre de pixels par centimètre).

Planéité
Désigne le caractère plan d'un support. La planéité du support de l'artiste est pour lui une préoccupation importante. L'histoire de l'art nous montre comment

certains artistes sont parvenus à montrer, affirmer ou revendiquer cette planéité, surtout à partir de la seconde moitié du XIXe siècle, alors qu'ils cherchaient au contraire à la nier auparavant, ou n'avaient simplement aucune considération pour cette notion.

Plan

1. Représentation dessinée, codifiée et à l'échelle, d'un objet, bâtiment, machine, ville, etc...
2. En perspective les plans sont des surfaces planes qui contiennent des lignes. ils peuvent être frontaux (perpendiculaires à l'axe de vision du spectateur) ou fuyants (parallèles ou obliques par rapport à l'axe de vision du spectateur).

Plan (photo & cinéma)

Il correspond aux dimensions du sujet à l'intérieur du cadre.

Un gros plan est un plan où le sujet principal est vu de très près, comme pour les natures mortes. Un plan rapproché est un plan qui présente le sujet et une partie du contexte, c'est souvent le cas pour les portraits.

Un plan moyen présente le sujet et son entourage immédiat, on retrouve ce type de plan pour les scènes de genre ou les scènes galantes.

Un plan général présente le sujet principal dans son entourage plus ou moins proche.

Le plan d'ensemble présente un paysage, une foule importante ou une architecture dans un cadre très large.

Les plans sont aussi les différentes parties de l'espace d'un tableau ou d'une représentation bidimensionnelle. Ils permettent de donner l'impression d'éloignement.

Le premier plan est celui qui semble le plus près de notre regard.

On parle d'avant-plan pour désigner un élément qui

chevauche le premier plan et dont la plus grande partie est hors champ (par exemple la cime d'un arbre ou le haut d'une fleur).

Le second plan est, par définition, celui qui se présente derrière le premier et ainsi de suite pour le troisième plan, le quatrième...

Le dernier plan est appelé l'arrière-plan.

Plasticien

désigne l'artiste qui s'exprime par des moyens plastiques (peintre, sculpteur architecte...)

Plastique

1. Qui a le pouvoir de donner forme

2. Désigne ce qui est capable de se déformer sous l'action d'une force extérieure et de conserver cette forme lorsque la force a cessé d'agir (contraire = élastique)

3. Désigne les arts dont le but est de donner une forme esthétique à des matières ou matériaux solides: sculpture, peinture, architecture, dessin, arts décoratifs, chorégraphie.

4. Qui a rapport à la forme, matière, couleur d'une œuvre.

Plein

En sculpture, le plein est une partie de l'œuvre réalisée avec une matière ou des matériaux. En opposition, le vide peut être une partie de l'œuvre qui ne contient pas de matière. Ce rapport entre les pleins et les vides est facile à observer dans les sculptures de Henry Moore, par exemple.

Plongée

Terme photographique et cinématographique lié à la prise de vue. C'est l'angle de vue qui fait que l'on observe un sujet placé plus bas que le niveau normal de nos yeux. Lorsque l'on regarde le sol, notre regard est en plongée.

Pochoir

Technique qui consiste à déposer de la peinture à l'intérieur d'une forme prédécoupée dans une feuille de carton ou de métal. L'image ainsi obtenue peut être reproduit à un grand nombre d'exemplaires. Le pochoir est très utilisé par les artistes du Street Art (Miss.Tic, Banksy)

Point de fuite

C'est un point situé à l'infini et vers lequel convergent les lignes de fuites ou lignes fuyantes. Dans la réalité, les deux bords parallèles d'une route droite ne se rejoignent jamais. Pourtant, notre perception nous donne l'impression qu'ils se rejoignent en un point, le point de fuite. C'est un phénomène optique. Une composition réalisée avec un point de fuite permet de respecter les proportions des différents objets ou personnages, malgré les différences de plans.

Point de vue

1- Endroit d'où l'on perçoit un objet, un personnage, un paysage, etc…

2- Notion centrale liée à la représentation de l'espace dans la perspective classique avec un point de vue unitaire. Il correspond à la position physique de l'artiste ou de l'observateur devant un travail bidimensionnel.

Dans la modernité, la multiplicité des points de vue, la perte de la frontalité, la production de séries, ont libéré le spectateur de sa position statique en l'invitant à mener sa propre expérience visuelle et corporelle par rapport à l'œuvre d'art.

Pointe sèche
Instrument très pointu avec lequel on grave une plaque destinée à produire une estampe. C'est aussi le nom de l'estampe obtenue grâce à cet instrument.

Polychromie
Par opposition à la monochromie, un objet polychrome est un objet peint de plusieurs couleurs.
Certains objets archéologiques portent des traces de polychromie, des traces de différentes couleurs.

Polyptyque
C'est une peinture ou sculpture réalisée par plusieurs panneaux assemblés pour former une suite.
Un polyptyque est composé généralement d'une partie centrale importante autour de laquelle s'articulent d'autres panneaux plus petits. On distingue le diptyque qui ne comporte que deux parties, le triptyque qui en comporte trois. Un polyptyque comporte un nombre de parties compris entre deux et plus.

Portrait
C'est l'image d'une personne réalisée en deux ou trois dimensions. Il est souvent en buste (le haut du corps à partir des aisselles) et parfois en pied (de la tête au pieds).
On peut parler de portrait de groupe ou de portrait de famille lorsque plusieurs personnes sont représentées.
Lorsque l'on réalise soi-même son propre portrait, on parle d'autoportrait (d'après une photo ou en se regardant dans un miroir).

Il est possible de réaliser un "portrait" ou un "autoportrait" sans représentation, par l'évocation d'une personne ou d'éléments propres à une personne.

Pop Art
Mouvement artistique essentiellement britannique et américain des années 60 et 70, qui puise ses sources d'inspiration dans le quotidien et la culture de masse (Hamilton, Lichtenstein, Oldenburg, Warhol, Wesselman).

Posture
1- La posture désigne à la position du corps de l'artiste face à son travail et à l'espace qui l'entoure.
Elle a une conséquence directe sur la réalisation de l'œuvre.
Certains peintres accrochent leurs toiles vierges sur des murs, d'autres les posent directement sur le sol. Dans ce cas, il leur est possible de tourner autour, de peindre ou d'intervenir sur plusieurs côtés.
Il y a un grand nombre de postures qui ont chacune leurs raisons d'être, et génèrent des particularités plastiques.
2- C'est aussi devenu un terme qui désigne une attitude, une prise de position mentale, affective, sociale ou philosophique vis à vis du monde en général et parfois du monde artistique tout particulièrement.
La posture conduit à des actes (Exemple : appropriation d'un objet pour faire un ready-made)

Préparation
1. Ensemble d'opérations effectuées ou d'attitudes mentales adoptées en vue d'une action à venir (préparation d'un support ou d'un matériau ou bien mise en condition du peintre avant l'exécution d'une

peinture).

2. Elaboration d'un programme, description des modalités d'un projet, pour une suite d'actions à mettre en œuvre (préparation d'une performance).

Présentation

La présentation concerne également l'exposition d'une œuvre. Elle est presque devenue un complément du travail de l'artiste. Il paraît difficile pour ce dernier de ne pas se demander comment va se passer la rencontre entre l'œuvre et le public, sachant que cette rencontre se déroulera dans un lieu précis. La présentation fait intervenir la notion de scénographie, c'est à dire la mise en scène en fonction d'un espace particulier. Les relations spatiales, visuelles, entre l'œuvre et le public peuvent être étudiées par l'artiste au point de faire partie intégrante de sa démarche artistique. Si certaines œuvres entretiennent des relations parfaitement admises et identifiées avec le public (c'est le cas pour la majorité des œuvres bidimensionnelles, qui sont présentées à hauteur du regard), d'autres posent le problème du déplacement. Le parcours visuel ne se fait plus seulement avec les yeux mais également avec le corps. C'est le cas d'un certain nombre d'œuvres tridimensionnelles, telles que les installations, certaines sculptures ou dispositifs vidéos, devant lesquels nous sommes obligés de nous déplacer pour pouvoir tout découvrir.

Ce déplacement peut être induit, plus ou moins orienté ou laissé à la libre appréciation du public. Il faut avoir conscience qu'il joue un rôle très important dans la compréhension même du travail de l'artiste. Le déplacement peut être de plusieurs natures : tourner autour, pénétrer l'œuvre lorsqu'elle le permet, voire la faire réagir de manière interactive, lorsqu'elle fonctionne sur ce principe. De la même manière, la distance entre l'observateur et l'œuvre joue un rôle dans la compréhension (appréhension visuelle). Avoir du recul permet d'avoir une vue d'ensemble, être très près de l'œuvre permet de la détailler.

Présenter

Dans une œuvre, lorsque l'on colle un élément utilisé pour ce qu'il est réellement (un morceau de journal, un morceau de bois, etc...), il n'est pas représenté mais présenté (voir Collage).

Donner à voir, désigner, porter à la connaissance, mettre en valeur, exposer. Ce qui est présent.

Prise de vue

Désigne la réalisation d'une image photographique ou cinématographique et l'ensemble des paramètres qui interviennent à ce moment : éclairage, cadrage, profondeur de champ, etc...

Profondeur

1. Dans un tableau, la troisième dimension représentée à l'aide de codes perspectifs.

2. Sur un écran (à deux dimensions) la profondeur est virtuellement représentée, c'est ce que l'on appelle une image en 3D

Profondeur de champ

1- Terme essentiellement photographique ou cinématographique. La profondeur de champ est déterminée par la distance hypothétique entre les plans perceptibles. Plus on a l'impression que la distance entre le premier plan et l'arrière-plan est grande, plus le champ est profond. Lorsque le champ est peu profond, on dit qu'il y a peu de profondeur de champ ou que la profondeur de champ est faible.

2- C'est également un terme qui désigne l'importance de la zone de netteté, volontairement définie par le photographe, située à l'avant et l'arrière du point de l'espace où est faite la mise au point.

Lorsque tous les sujets d'une même image sont nets, malgré les différences de plan c'est que la profondeur de champ est grande. Lorsque certaines parties sont floues parce qu'elles sont trop près ou trop éloignées, on dit que la profondeur de champ est faible. La modification simultanée des paramètres de vitesse d'obturateur et d'ouverture de diaphragme permet de modifier à volonté la profondeur de champ, sans changer de position.

Programme

Suite d'actions que l'on se propose d'accomplir pour arriver à un résultat.

En architecture c'est l'énoncé des caractéristiques fonctionnelles auxquelles devra répondre un projet (cahier des charges).

Projection

1. Action de montrer à l'écran ou sur un plan, au moyen d'un appareil optique ou non, des ombres, des images fixes (diapositives...) ou animées (cinéma).

2. Action de lancer de la matière (par exemple de la peinture) ou un objet dans l'espace ou résultat de cette action.

Proportions

Ce sont les dimensions de différents éléments comparés les uns aux autres selon une échelle identique.

Ready-made

Terme inventé par Marcel Duchamp. Il désigne à la fois l'appropriation d'un objet de l'environnement quotidien détourné par l'artiste de sa fonction et de sa valeur d'usage dans la réalité, et l'œuvre d'art créée par un assemblage d'objets ou de morceaux d'objets de récupération.

Réalisme

Au sens commun, caractère de ce qui tend à ressembler à la réalité.

Ne pas confondre avec le Réalisme en histoire de l'Art. Ce dernier correspond à un mouvement artistique né vers 1830 et qui se prolonge jusqu'à la fin du XIXe siècle. Les réalistes refusent d'idéaliser la réalité perceptible.

Recouvrement

Action de poser quelque chose sur la totalité ou sur une partie d'un support ou d'une surface de manière à la voiler ou à la cacher (voir masquer).

Réduire

Reproduire en plus petit avec les mêmes proportions. (copie avec mise au carreau ou photocopie)

Référent

Choses, objet ou être, réel ou imaginaire, auquel renvoie un signe ou une représentation.

Rehausser

Consiste à retoucher une œuvre à l'aide d'une couleur claire (rehauts) pour faire ressortir certaines parties.

Relief
On appelle relief ce qui dépasse légèrement d'une surface par opposition à la ronde-bosse. (voir aussi haut-relief, et bas-relief)

Reliquaire
Boîte, coffre ou objet creux destiné à contenir des reliques, c'est à dire les restes d'un saint ou d'un martyr, ou un objet relatif à sa vie. Le reliquaire et son contenu sont le plus souvent associés à un culte et vénérés.

Repentir
Partie d'une œuvre modifiée durant son exécution à la suite d'un changement d'aspiration ou de motivation de l'artiste.

Répétition
Réitération d'une même action, reproduction multiple d'une même chose.

Représentation
On désigne ainsi la manière de faire apparaître certaines choses qui existent dans la réalité ou appartiennent au domaine de l'imaginaire, de les reproduire, de faire figurer, de donner à voir par le dessin, la peinture, la sculpture ou un autre moyen d'expression.
Cette représentation peut être bidimensionnelle, (peinture, dessin ou photographie).
Elle peut aussi être tridimensionnelle (sculpture, assemblage, installation).
L'image obtenue lors de la représentation d'un espace tridimensionnel dans un espace bidimensionnel est toujours conventionnelle. Les divers procédés perspectifs sont des outils de représentation de l'espace.
Une image n'est que le représentation codifiée de la

réalité.

Représenter
Remettre au présent. Reproduire, faire figurer, donner à voir par le dessin, la peinture, la sculpture ou tout autre moyen d'expression.

Reproduction
Copie à l'identique ou ressemblante d'un "original" (peinture, image, sculpture...)
Quel que soit le support (diapositive, photographie, photocopie, etc...), une reproduction d'œuvre ne rend pas compte de tous les aspects du travail de l'artiste. Le format est souvent beaucoup plus petit. On distingue difficilement les effets de matière, de gestes ou d'instruments. La couleur n'est pas toujours très fidèle.
Ainsi, lorsque l'on regarde une reproduction d'œuvre, on ne doit pas oublier qu'il ne s'agit pas de l'œuvre originale.

Reproduire
Répéter, imiter, copier un modèle par un procédé technique particulier : photographier, imprimer, photocopier, sérigraphier, lithographier, polycopier...

Réserve
On appelle réserve une partie de support qui, dans une œuvre finie, n'est volontairement pas peinte ou qui ne comporte pas de traces d'intervention de la part de l'artiste.

Réserver
Consiste à préserver, à protéger une partie du support pour qu'il reste vierge de toute intervention. Il peut y avoir plusieurs raisons pour réserver une ou plusieurs

parties d'une œuvre, soit pour utiliser la couleur naturelle du support, soit pour donner un aspect inachevé, soit pour dévoiler une partie du processus de création, etc...

Ressemblance
Ce qui rapproche et associe un objet, un personnage, un paysage, etc..., et sa représentation, son image; ou encore ce qui associe deux éléments, objets, personnages, paysages, éléments plastiques, en ce qu'ils ont de très nombreux points communs.
Selon le sémiologue Peirce, dans une icône, il existe un rapport de ressemblance entre le signifiant et le signifié.

Retable
Élément peint ou sculpté surmontant verticalement un autel à l'intérieur d'une église.

Ronde-bosse
La ronde-bosse est une sculpture totalement réalisée, en trois dimensions, observable sous n'importe quel angle. voir aussi : bas-relief, haut-relief)

Rythme
Désigne ce qui, par l'alternance de temps ou éléments forts et de temps ou éléments faibles, fait naître un mouvement particulier dans une œuvre artistique (musicale, picturale, sculpturale, cinématographique...).
En arts plastiques, il désigne certains éléments d'une composition qui semblent marquer une répétition, une succession ou un enchaînement. Cela peut être des éléments figuratifs comme des arbres, des cheminées, des formes géométriques ou des éléments plus abstraits, comme des taches, des traces, des effets de matière, etc...

Sanguine
Craie ou crayon de couleur rouge de constitution minérale (hématite rouge) mais aussi dessin obtenu grâce à cette substance.

Saturation
Terme qui désigne le degré d'intensité chromatique d'une couleur. La saturation est indépendante de la valeur (clair/foncé).

Schéma
C'est un dessin technique donnant une représentation simplifiée de l'aspect fonctionnel.

Schématiser
Consiste à représenter au moyen d'un schéma, à simplifier.

Sculpture
C'est une œuvre tridimensionnelle (bas-relief, haut-relief, ronde-bosse).
Elle peut être créée par retraits dans un bloc de matière brute (taille directe du marbre, bois, pierre...) par modelage (terre, pâte à modeler), par moulage (bronze, matériaux synthétiques) ou par assemblage.
Lorsqu'elle est créée par assemblage, tous les matériaux imaginables peuvent être utilisés pour sa réalisation.
La sculpture contemporaine intègre des formes nouvelles comme des performances (sculptures vivantes Gilbert et Georges), des installations...

Semblable
Qui a la même apparence ou de nature identique.

Sépia
Encre utilisée pour le lavis et obtenue originellement avec un liquide sécrété par la seiche. De nos jours, elle a une base chimique.

Séquence
1. Série d'éléments hiérarchisés et ordonnés chronologiquement (alors que l'ordre des éléments d'une série peut être parfois modifiable).
2. Succession des plans d'un film constituant un ensemble signifiant.
3. Ce que vous êtes en train de préparer ; ce qui conduira à un apprentissage (séquence d'enseignement).

Série
Ensemble ou suite d'éléments ou d'œuvres de même nature ou possédant des points communs (portraits, images, objets...). C'est une suite hiérarchisée ou non, par opposition à la suite ordonnée qui constitue une séquence.

Sérigraphie
Procédé mécanique de reproduction d'images, dérivé du pochoir. Certains artistes comme Andy Warhol (1928-1987) ont largement utilisé cette technique.

Sfumato
Technique particulière de la peinture à l'huile qui consiste à adoucir formes et contours, le plus souvent dans la perspective aérienne. (Initiée par Léonard de Vinci)

Shaped canvas
"Format découpé", toiles aux contours inhabituels. Les premiers exemples sont présentés par Franck Stella en 1960, rompant ainsi avec une tradition de formats aux

formes géométriques simples carrés, rectangles, tondos (format circulaire), ovales.

Signe
Désigne ce qui permet de repérer, de deviner, de prévoir, d'indiquer, de communiquer : indice, marque, trace, geste...
Le signe possède généralement une signification propre que l'on distingue de son aspect.
Le sémiologue Peirce distingue trois types de signes selon le rapport établi entre le signifiant et le signifié:
- indice (rapport de contiguïté spatio-temporelle),
- icône (rapport de ressemblance)
- symbole (rapport arbitraire et conventionnel).

Silhouette
C'est le contour ou les lignes générales d'un corps. C'est aussi une forme schématique qui se détache sur un fond.

Simplification formelle
Consiste à éliminer des détails, à styliser des formes qui sont représentées.
C'est en partie par la simplification formelle que la représentation peut s'éloigner du réalisme.
C'est essentiellement à partir de la seconde moitié du XIXe siècle que les artistes vont simplifier et épurer les formes, que ce soit dans la représentation bidimensionnelle ou tridimensionnelle.

Socle
Base d'une statue ou d'une sculpture qui sert à la stabilité et à la présentation de l'ensemble. (voir Piedestal)

Stabile

En opposition à mobile, désigne une sculpture inanimée dans l'œuvre d'Alexander Calder, en particulier.

Statue

On appelle statue une représentation grandeur nature d'un homme ou d'une femme, ou une représentation au moins égale ou supérieure à la moitié des dimensions réelles du sujet.

Statut de l'image

C'est la destination de celle-ci, c'est à dire ce pourquoi l'image a été créée.

Une image publicitaire n'a pas la même destination qu'un panneau de signalisation ou qu'une œuvre d'art. Non seulement les objectifs de leurs créations sont différents mais la manière de les concevoir et de les réaliser l'est également.

Pour simplifier, on peut classer les images en trois familles :

- les images informatives (photographies de reportage, illustrations etc…),
- les images liées à la communication visuelle (logo, pictogramme, panneaux de signalisation)
- les images artistiques.

Attention cependant, à partir du début du XXe siècle, les artistes vont utiliser des images des deux premières familles dans leurs propres créations artistiques. Une photographie de reportage ou une image de mode extraite de son contexte et intégrée dans une œuvre n'a alors plus la même signification qu'à l'origine.

Stratification

Superposition de plusieurs couches.

Structure

La structure d'une œuvre bidimensionnelle correspond aux grandes lignes de la composition et à la manière dont elles sont organisées, articulées entre elles. La structure d'une œuvre tridimensionnelle correspond à l'armature mais aussi à la manière dont les différents éléments sont assemblés les uns aux autres.

Style

1- Manière propre à chacun de s'exprimer et de crée.

2- Ensemble des caractéristiques communes d'un type artistique ou décoratif d'un pays, d'une région ou d'une époque. (Exemple : meuble de style Art Déco)

Stylisation

Action d'épurer, de rendre moins compliqué, de débarrasser du superflu pour mettre en évidence l'essentiel (synthèse et simplification).

Suite

(du latin: secutus, ayant suivi) Ensemble d'éléments ordonnés, parfois de manière chronologique, en relation cohérente et logique. Exemple : suite de Fibonacci.

Sujet

Il s'agit de ce qui est représenté dans une œuvre. Pourtant, comme le dit Jean-Pierre Raynaud (né en 1939) : «Le sujet est un prétexte. Je crois que le sujet n'a jamais été une œuvre».

Superflu

Désigne ce qui est en trop, en plus de l'indispensable, du nécessaire ou de l'utile.

Support

C'est ce sur quoi est réalisée l'œuvre.

Le support peut être le papier, le carton, la toile de lin sur châssis, etc...

C'est plus généralement le moyen matériel utilisé pour créer une œuvre (photographie, cinéma, peinture, etc...).

Les supports peuvent être classés en supports rigides, semi-rigides et souples ; ou encore en supports passifs (qui se font oublier), actifs (qui modifient la trace de l'outil ou le matériau) ou productifs (qui produisent par eux-mêmes la trace, par froissage par exemple).

Support-Surface

Mouvement artistique français des années 70 qui axe l'essentiel sur la matérialité du support, de la toile, du châssis, sur "ce qu'est peindre", au détriment du message (Buraglio, Hantaï, Viallat...).

Surexposition

Terme du langage photographique qui désigne un excès de luminosité dans une photographie: temps d'exposition trop long à la lumière, diaphragme trop ouvert, pellicule trop sensible.

La surexposition peut être volontaire pour obtenir un effet particulier.

Surface

C'est la partie extérieure d'un support (une feuille de papier, une toile de lin, un bloc de marbre).

Le peintre dépose sa peinture sur la surface de la toile tout comme le sculpteur sculpte la surface de la pierre.

Il ne faut pas confondre la surface et l'étendue, le format ou le support.

Surréalisme

Mouvement artistique issu de Dada, dont André Breton fut le chef de file, et dont les artistes (Max Ernst, René Magritte…) s'attachèrent à lutter contre tout acte de création raisonnée, pour mettre au jour une réalité autre par des procédés tels que: écriture automatique, cadavre exquis, frottage, collage, détournement d'objets usuels…

Ils cultivèrent ainsi l'irrationnel, l'étrange, le merveilleux, l'onirique, l'ésotérique, le bizarre et accordèrent une large part à l'inconscient dans leurs créations : peintures, sculptures, films, photographies, poèmes…

Sous-exposition

C'est l'effet inverse de la surexposition. Un manque de lumière au moment de la prise de vue ou une pellicule pas assez sensible pour les conditions de prise de vue produisent une photographie trop sombre. La sous-exposition peut être une intention artistique (effet de nuit dans une photo prise de jour).

Stéréotype

opinion généralement admise par un groupe d'individus et basé sur des à priori ou des lieux communs. Le mot tire son origine du terme technique d'imprimerie désignant des caractères solides (plaques métalliques, clichés), obtenus par fonte de plomb dans un flan, que l'on conserve pour de nouveaux tirages.

Street Art

Art réalisé dans la rue, la forme la plus répandue étant le graffiti ou le tag.

Symbole

Il s'agit d'un personnage ou d'un objet qui représente

une idée, un concept ou une image abstraite.
Cette idée ou cette notion est plus importante que l'aspect du personnage ou de l'objet. Exemples: la balance symbolise la justice, la colombe symbolise la paix, le cœur l'amour.

Symboliser

c'est représenter quelque chose par un signe conventionnel .
Pour le sémiologue Peirce, dans un signe le rapport entre le signifiant et le signifié est arbitraire. Ainsi les mots qui désignent les objets varient-ils d'une langue à l'autre.

Symétrie

(grec sun et metron, avec mesure). La symétrie est une organisation formelle dans laquelle les parties se correspondent par rapport à un point, un axe ou un plan. Il en découle une impression d'équilibre (contraire : la dissymétrie).

Taille directe

Sculpture créée par retraits dans un bloc de matière brute (taille directe du marbre, bois, pierre...)

Tableau

Un tableau est une œuvre peinte sur un support mobile (que l'on peut déplacer).
A l'origine, le tableau est peint sur une plaque de bois.
Par extension, il désigne les autres supports : le carton, le métal, la toile tendue, etc...
Le tableau apparaît en même temps que la perspective, au XVe siècle.

Tachisme

Une des tendances de la peinture abstraite de années

1950, caractérisée par la projection de taches et de coulures (Degottex, Mathieu, Wols...).

Tactile
Qui concerne le sens du toucher.

Technique
En arts plastiques, c'est le procédé qu'utilise l'artiste ou le plasticien pour créer (peinture, collage, assemblage, gravure, photographie, etc...).

Technique mixte
Se dit d'une œuvre réalisée à l'aide de plusieurs techniques.

Teinte
Couleur obtenue par le mélange de plusieurs autres couleurs.
Elle désigne également le pouvoir colorant d'une couleur, qui est dite saturée lorsqu'elle est au maximum de son intensité et rabattue ou désaturée lors qu'elle est atténuée (par sa complémentaire).

Tempera
Pigments de couleur mélangés à une résine naturelle ou chimique, du blanc d'œuf, du lait, du latex, de la colle, de la cire, etc... La tempera a des propriétés assez proches de l'acrylique mais l'aspect est moins terne. Aujourd'hui, le liant de la tempera est le plus souvent un produit de synthèse.

Tension
Etat lié à une opposition, ou son résultat. La tension peut être marquée plastiquement par les lignes, les formes, les couleurs, les lumières...(intérieur/extérieur,

vide/plein...).

Terrasse
C'est le dessus du socle d'une statue ou d'une sculpture.

Texture
C'est l'aspect visuel et tactile de toute matière. Les textures naturelles ou artificielles sont innombrables. Il existe par exemple des textures lisses comme le marbre ou le verre polis, des textures rugueuses comme l'écorce d'arbre ou le béton armé, etc...

Tirage
Désigne l'action d'imprimer, de réaliser une photographie ou même de fondre une sculpture.
Le tirage est associé à la notion multiple. Il peut se faire en un nombre plus ou moins limité.

Titre
Nom donné à une œuvre et qui précise souvent ce qu'elle représente ou ce à quoi elle fait référence mais pas nécessairement. Certains artistes numérotent leurs œuvres, les dates...
Le titre n'est pas toujours donné par l'artiste, il arrive parfois que certaines œuvres célèbres portent un nom donné par les critiques d'art, les journalistes ou encore le public afin de pouvoir nommer une œuvre sans titre.

Toile
Désigne une peinture réalisée sur une toile généralement tendue sur un châssis.

Ton
Couleur considérée pour son éclat. On parle de ton vif, ton froid, ton chaud, ton clair, etc...

Ton local

Il désigne la couleur propre de l'objet.

Dans une peinture, on parle également de ton local, voire de teinte locale, pour désigner une couleur qui ne tient pas compte de l'influence de la lumière (ou de l'ombre) ainsi que des couleurs voisines.

Tonalité

Désigne l'impression générale qui se dégage des couleurs d'un tableau.

Touche

Caractérise la manière de déposer la peinture sur un support. Tantôt les touches sont subtiles, délicates, pleines de finesse ou inversement, en pâte épaisse, suivant des gestes amples, nerveux, agressifs, expressifs. La touche fait partie du style du peintre.

Trace

Signe, indice, empreinte, vestiges qui témoignent du passage de quelqu'un ou de quelque chose.

Tracé

Ensemble de lignes constituant un dessin.

Trait

Le trait est une ligne tracée. Il permet de faire apparaître des formes ou des signes, sur une feuille de papier ou sur un autre support.

Les traits sont également ce qui caractérisent un visage; on parle de traits fins, de traits tirés, de traits grossiers, etc...

Trame

(du latin trama, chaîne d'un tissu)

1. Maillage ou quadrillage d'un plan d'urbanisme ou d'architecture.

2. En photographie ou sérigraphie : surface optique crée par la juxtaposition plus ou moins serrée de signes graphiques de grosseurs variées (lignes, points, etc).

Transition
Dans une œuvre, c'est un élément graphique ou plastique qui permet au regard de l'observateur de passer d'une partie à une autre.

Translucide
Propriété physique de certains matériaux comme le verre dépoli. La lumière traverse la matière mais l'on ne peut pas voir à travers.

Transparence
Propriété physique de certains matériaux comme le verre ou le plexiglas. Ils se laissent traverser par la lumière et permettent de voir ce qui se trouve derrière.

Transposer
Replacer en intervertissant l'ordre. Faire changer de forme ou de contenu en faisant passer dans un autre domaine ou contexte.

Tridimensionnel
Qui possède trois dimensions : longueur, largeur, hauteur ou profondeur (volume).

Triptyque
Œuvre qui comporte trois parties pouvant parfois se replier l'une sur l'autre. les retables sont souvent des triptyques.

Trompe-l'œil

Technique qui consiste à pousser le réalisme d'une peinture le plus loin possible pour que le public puisse la confondre avec la réalité.

Les trompe-l'œil sont de véritables prouesses techniques qui utilisent souvent des effets de perspective, d'ombre et de lumière pour donner l'illusion d'objets en relief.

Urbanisme

Science étudiant l'aménagement de l'espace des agglomérations, des villes et des villages.

Valeur

Désigne le degré de clarté d'une couleur.

On assombrit une couleur en lui ajoutant du noir et on l'éclaircit avec du blanc. On utilise des valeurs, par exemple, pour donner une impression de volume à une représentation.

Variation

Procédé qui consiste à utiliser un même motif en le transformant de diverses manières, de façon qu'il demeure toutefois identifiable.

Verticalité

(du latin: verticis = sommet) Désigne ce qui est parallèle au fil à plomb.

Vide

En opposition au plein, terme qui désigne un évidement, un espace vide, dans une sculpture ou dans une architecture.

Vidéo

Le terme vidéo désigne tout ce qui touche le domaine de

l'image animée enregistrée en analogique ou numérique sur une bande magnétique, carte mémoire ou disque optique, qu'elle soit destinée à un usage télévisé, domestique ou artistique.

Vision frontale
Désigne un point de vue qui fait totalement face au sujet.

Virtuel
Qui n'a pas de réalité matérielle. Une image virtuelle est une image qui n'a pas d'existence physique (par exemple : image infographique vue sur un écran). Le virtuel s'oppose à l'actuel. (voir Deleuze)

Volume
Désigne un corps en trois dimensions ou un espace limité, celui d'une pièce d'un appartement ou d'une maison par exemple.

Xylographie
Technique liée à l'art de l'estampe obtenue grâce à une planche de bois gravée.

Zoomorphe
Dont la forme est celle d'un animal, même stylisée.

Philippe Monfouga, 2013
www.monfouga.net